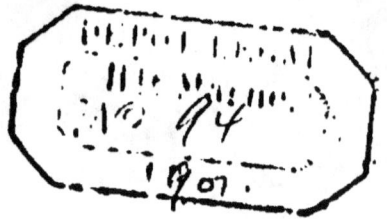

PSYCHOLOGIE

DE

LA CROYANCE

PSYCHOLOGIE

DE

LA CROYANCE

PAR

Camille BOS

———

PARIS

FÉLIX ALCAN, ÉDITEUR

ANCIENNE LIBRAIRIE GERMER BAILLIÈRE ET Cⁱᵉ

108, BOULEVARD SAINT-GERMAIN, 108

—

1901

A LA MÉMOIRE DE MON PÈRE

INTRODUCTION

« Wir werden alle im Glauben
« geboren ; wer da blind ist, folgt
« blind dem geheimen und unwiders-
« tehlichen Zuge ; wer da sieht,folgt
« sehend und glaubt weil er glauben
« wil. »

Fichte, *Die Bestimmung
des Menschen*, p. 94 (éd.
Reclam).

De même que, pour tout objet, il est dans l'espace,
une situation favorable à la perception juste, de même
que l'histoire ne prononce son arrêt sur les hommes
qu'après un certain temps écoulé, — de même l'étude de
certains problèmes a son heure marquée dans l'évolution de la spéculation. L'éloignement à une certaine
distance est nécessaire et il y a pareillement dans l'histoire de la pensée humaine une situation favorable à
la vision nette de telles questions.

Peut-être aujourd'hui sommes-nous à la distance
voulue du kantisme et le moment est-il venu où l'on
peut entreprendre l'étude psychologique de la croyance.
Un pareil problème est de tous les temps, sans doute,
car d'une part il touche à tous les autres et de l'autre
ce n'est qu'une des formes du problème fondamental,
éternel de la vie humaine. Mais on ne pouvait pas, avant
ce siècle, transporter la question de la croyance sur le
terrain de la psychologie et envisager le problème du

1

point de vue où il s'impose aujourd'hui. Il fallait que s'accomplît l'évolution par suite de laquelle, subissant la loi des trois états de Comte, la Croyance passerait du domaine du surnaturel à celui de l'intellectualisme, pour parvenir aujourd'hui à la vie, se faire reconnaître comme une forme de la volonté et l'expression de notre entière personnalité.

Notre siècle, avec la critique kantienne a une fois encore et en un sens nouveau fait descendre la philosophie du ciel sur la terre. Dès lors des problèmes sont devenus apparents, que nous côtoyons chaque jour et qui, s'ils demeurent insolubles, ne s'imposent pas moins légitimement, inévitablement à nos recherches.

I

Au début de la spéculation, à l'époque théologique, la question n'existait pas. La croyance était un fait surnaturel devant lequel s'abîmait la raison humaine, où elle s'interdisait d'entrer.

Ce n'était pas affaire humaine mais divine, car on la limitait au domaine religieux et jamais on ne se serait imaginé de soupçonner que les moindres actes de la vie quotidienne fussent, au même titre, des faits de croyance. Toute étude psychologique était alors impossible car entre le surnaturel et le naturel il n'y a pas de commune mesure. Et d'ailleurs la psychologie n'était pas encore née car c'est vers le dehors et non vers le dedans que l'homme dirige ses premiers regards. La nature de la croyance ne pouvait pas plus devenir objet de recherche que celle de Dieu : elle était parce qu'il était, elle se déduisait comme sa conséquence de l'existence de Dieu.

En arrivant à l'époque proprement philosophique, on serait tenté de croire qu'avec Socrate commence la période intellectualiste et de faire remonter jusqu'à lui les théories qui aujourd'hui encore (1) font résulter la croyance des seules opérations intellectuelles. Socrate n'a-t-il pas dit que « les vertus sont les sciences » — et « qu'il suffit de connaître le bien pour le pratiquer », absorbant ainsi la volonté dans l'entendement ?

Cependant, ne concluons pas trop vite à un absolu intellectualisme. Prenons garde aux apparences, songeons que nous sommes au début de la spéculation, à une époque où la volonté est encore mal distinguée de l'intelligence. Et d'abord la science de Socrate n'était pas ce que nous entendons aujourd'hui par ce mot : c'était une « science des choses morales », un art portant sur la pratique, sur ce qui est utile à l'homme. Si donc nous sommes tentés de conclure que, pour Socrate, la croyance eût immédiatement suivi la science, remarquons que chez cet utilitaire la croyance (comme la science) eût participé du Moi, de ses besoins et porte une empreinte toute humaine.

Mais au sein de cet intellectualisme, ne voit-on pas déjà s'ébaucher le rôle de la volonté dont Socrate fait, par l'ἐγκράτεια, la condition de la science ? On a récemment montré (2) que Socrate ne niait pas le libre arbitre (ainsi qu'on le lui reproche quelquefois) : il le

(1) Paul Janet, Rabier.
(2) Boutroux, *Etudes d'histoire de la philosophie*, p. 74.

rétablit en faisant de l'empire sur soi la condition de la science (1).

D'ailleurs, qu'en dépit de l'apparence Socrate n'ait pas absorbé la volonté dans l'intelligence, c'est ce que montrent assez les contradictions où il s'est heurté sur la question de savoir si la vertu peut s'enseigner. Logiquement, cela semblait la conséquence inévitable de sa théorie et cependant combien Socrate hésite devant l'affirmative ! C'est Protagoras, un sophiste outrecuidant, qui la soutiendra ; pour Socrate, au contraire, faisant, sans la nommer, sa part à la volonté, il en viendra à ces conclusions qui, si l'on y regarde de près, restreignent singulièrement son intellectualisme : « La vertu vient par un don de Dieu à ceux qui la possèdent...Il est ridicule à nous de n'avoir point aperçu que la science n'est pas la seule chose en vertu de laquelle les hommes seront en état de bien conduire leurs affaires » (2). On peut dire que la vertu naît de l'inspiration d'une nature honnête, grâce au sentiment inné du bien qui la précède et qui la crée. Cette science, nul ne peut l'enseigner, elle naît avec nous. Il est vrai que c'est ici Platon qui parle par la bouche de son maître, mais il semble bien lui rester fidèle.

Ne peut-on même interpréter le « démon » de Socrate en ce sens que, frappé des limites de l'entendement humain, le philosophe ait admis que la connaissance peut être aidée par un auxiliaire dont la voix se fait entendre au plus profond de l'être ? C'est un point de vue qu'a très heureusement indiqué M. Windelband : « Socrate, dit-il, pensait que dans les situations dif-

(1) *Mémorables*, IX, 5, 6.
(2) Cf. *Ménon*, fin.

ficiles où sa connaissance était insuffisante, l'homme qui avait bien servi les dieux était ainsi aidé par eux (1). » Ainsi, on pourrait trouver chez Socrate les germes d'une théorie de la « volonté bonne », facteur de la croyance ; en tous cas la science socratique, malgré l'opinion courante « fait place à la croyance et au sentiment (2) ». Cependant le reproche d'Aristote reste juste : Socrate ne voit dans l'âme que la raison, négligeant la sensibilité et la volonté.

Nous ferons un pas de plus avec Platon qui, distinguant l'âme raisonnable et l'âme irraisonnable et posant que c'est avec l'âme tout entière qu'il faut philosopher, fait place à quelque chose d'extra-logique dans la persuasion. « La démonstration que je vais faire ne sera pas admise des habiles mais des sages (3). » Platon distingue, en outre, *savoir* et *croire* qui sont deux choses différentes, en conséquence il propose d'admettre deux espèces de persuasion dont l'une produit la *croyance* et l'autre produit la *science* (Gorgias). Cette même distinction est reprise dans le *Timée* où Platon déclare que notre connaissance de la nature n'est pas une *science* mais une *croyance*, car : « ce que l'existence est à la génération, la vérité l'est à la croyance ». Platon pose donc la croyance comme un genre inférieur de connaissance. Dans son ébauche d'une théorie de la connaissance, en effet (4), il en distingue quatre degrés : deux sensibles et deux intelligibles et les deux degrés inférieurs (sensibles) sont la *conjecture* et la

(1) *Geschichte der Philosophie* (1898), p. 78.
(2) Windelband, *op. cit.*
(3) *Phèdre.*
(4) *Répub.*, liv. VI

croyance. Celle-ci elle-même se subdivise en *croyance vraie* et *croyance fausse*. La croyance, en effet, peut être vraie et alors, quoiqu'inférieure à la science elle s'en rapproche si fort qu'en plusieurs endroits (notamment à la fin du *Philèbe* et à la fin du *Ménon*) Platon les place presque sur le même rang puisqu'il range les opinions vraies et les sciences parmi les biens. La croyance fausse, au contraire, paraît se confondre avec la conjecture. C'est cette partie de l'enseignement de Platon, à l'exclusion du reste, qui a été conservée par ses successeurs dans la nouvelle Académie. Le probabilisme (1) dans l'école d'Arcésilas et de Carnéade, prend la place du dogmatisme antérieur et toute la connaissance se réduit à la croyance.

Aristote à son tour, dans sa *Métaphysique*, distingue entre l'*appréhension* et l'*assentiment* de nature plus volontaire, montrant que le dernier stade, dans le consentement, vient toujours de la volonté. Et comme il place le siège de la vertu dans l'âme irraisonnable, ainsi prépare-t-il les théories qui feront une grande part à l'automatisme dans la croyance.

Les Stoïciens sont les premiers de tous les philosophes qui aient nettement considéré la croyance comme volontaire. L'assentiment que donne l'âme aux représentations sensibles, qui sont vraies ou fausses suivant que cet assentiment est fort ou faible, — est situé en notre pouvoir et dépend de notre liberté.

Enfin la contradiction où se heurte le scepticisme est la condamnation même de toute théorie purement logique de la croyance : ruinant d'une part toute certi-

(1) Cf. Brochard, *Les sceptiques grecs*.

tude « théorique » par des arguments sans réplique, les sceptiques se voient obligés de nous accorder une certitude « pratique » dont le critérium sera l'action « raisonnable ». La croyance involontaire de Sextus Empiricus est postulée comme fondement de la Science, de la Morale et de la Vie.

C'est surtout avec le Christianisme que la Foi est déclarée volontaire. Pour trouver Dieu, l'homme ne doit pas l'attendre, mais aller à lui et collaborer à l'action de la grâce. Désormais le problème de la croyance prend une face nouvelle : la vérité n'existe pas toute faite en dehors de nous, nous y contribuons et chacun de nous la découvre suivant qu'il le mérite, c'est-à-dire suivant ce qu'il vaut, lui qui la cherche. Comme l'Evangile fait collaborer l'homme à la Vérité, ainsi le fait-il responsable de sa croyance, posant à la fois un grand principe moral et un grand principe psychologique. Tout ne dépend pas de la science qui nous est apportée du dehors, il nous est permis d'espérer que nous pouvons aussi quelque chose par nous-même et qu'une volonté droite est un auxiliaire de la connaissance.

Le Christianisme, s'il nous donne une tâche nouvelle, fonde en même temps notre liberté et notre dignité d'homme.

Désormais les philosophes qui parleront de la croyance (1) feront place au « mystère », au facteur extra-logique de la volonté bonne.

C'est en dernière analyse à ses croyances religieuses que Descartes, avec qui s'ouvre une phase nouvelle dans l'histoire de la philosophie, suspend son système

(1) Sauf, peut-être, saint Anselme.

en général et sa théorie du jugement en particulier. Le premier, Descartes subordonne le jugement à l'attention et déclare l'assentiment comme l'erreur, volontaires. « De tout cela il paraît, conclut-il, que mal juger vient très souvent d'un vice de volonté » et ailleurs : « assurer, nier, douter sont trois façons différentes de vouloir (1). »

Ces vues restent celles de Bossuet (*Traité de la connaissance de Dieu*) et de tous les Cartésiens.

Quelqu'un les reprend et leur donnant toute leur portée pose véritablement les fondements de la psychologie de la Croyance : c'est Pascal. *Pascal est le père de la théorie de la croyance volontaire* ; il en a merveilleusement vu les conditions psychologiques, il en a démonté le mécanisme qu'il a suspendu, en dernière analyse, au moi intérieur. Tout ce que nous aurons à dire, par la suite, sur la composition de la croyance est ici en germe.

On pourrait, en effet, trouver chez Pascal un développement sur la puissance de l'*imagination* : « Si les « magistrats avaient la véritable justice et les médecins « le vrai art de guérir, ils n'auraient que faire des « bonnets carrés, mais n'ayant que des sciences ima- « ginaires il faut qu'ils prennent ces vains instruments « qui frappent l'imagination..... Les hommes ne peu- « vent résister à cette montre si authentique, ils ne « branlent presque que par les secousses de l'imagi- « nation (2). »

L'empire des *passions* sur la croyance est signalé

---

(1) Descartes, *Principes de psychologie*, I, 32. *Méditations*, IV, 7.

(2) *Pensées*, art. III, 3. Imagination.

aussi : «·L'affection et la haine changent la justice de
« face : combien un avocat bien payé par avance trouve-
« t-il plus juste ιu cause qu'il plaide ! combien son
« geste hardi le fait-il trouver meilleur aux juges dupés
« par cette apparence ! » (1)

Pascal montre encore l'identité de nature entre la
croyance et *l'attention volontaire* (2), enfin le caractère
d'indestructibilité que confère à la croyance l'habitude :
« Car il ne faut pas le méconnaître, nous sommes au-
« tomates autant qu'esprit : et de là vient que l'instru-
« ment par lequel la persuasion se fait n'est pas la seule
« démonstration. La coutume fait nos preuves les plus
« fortes et les plus crues ; elle entraîne l'automate qui
« entraîne l'esprit sans qu'il y pense. Qui a démontré
« qu'il sera demain jour et que nous mourrons et qui
« y a-t-il de plus cru ?... Il faut avoir recours à l'habi-
« tude quand une fois l'esprit a vu où est la Vérité, afin
« de nous abreuver et nous teindre de cette créance qui
« nous échappe à toute heure (3). »

Toute la psychologie de la croyance n'est-elle pas
dans ces textes ? Les vues profondes de Pascal se résu-
ment dans ce mot, si souvent mal compris : « Abêtissez-vous » — qu'il faudrait interpréter en ce sens : Ex-
posez-vous, par un effort « volontaire », à une croyance
« automatique » — soyez auteurs, suivant le beau mot
de Michelet, d'une fatalité volontaire.

A la fin du siècle, nous retrouvons chez Locke cette
distinction où, avant comme après lui, sous des noms

(1) *Id.*
(2) *Id.*, X, 3.
(3) *Id.*, X, 8.

divers on s'est trouvó acculó : des principes de pratique et des principes de connaissance.

Déjà par sa direction pratique l'école anglaise devait
être amenée à insister sur la croyance (et de fait, Locke
montre bien les postulats impliqués dans toute déci-
sion, la nécessité d'ordre vital, pour l'action de prendre le pas sur le jugement).

Mais, en outre, l'époque où elle se développait per-
mettait à l'école anglaise de faire une place d'honneur
à la croyance. Celle-ci, en effet, prend une importance
croissante à mesure que des coups plus subversifs sont
portés au cartésianisme. On voit déjà indiquée la place
où cette croyance va s'intercaler chez les successeurs
immédiats de Descartes. C'est ainsi que chez Spinoza,
au-dessous de la démonstration s'étend le domaine des
rapports entre les choses, domaine où nous pourrons
chercher à poser des lois, mais où nous n'atteindrons
jamais à l'évidence de l'idée claire et distincte. Dans
la vie cette connaissance moyenne, cette forte probabilité nous sera d'ailleurs la plus utile.

Et force était bien, entre Descartes et Kant, de faire
grande la part de la croyance, car le fondement de la
science n'est pas encore trouvé, il n'y a pas d'intermédiaire entre l'intuition sensible et l'évidence mathématique, — l'entendement n'est pas encore reconnu
comme conditionnant l'expérience de sorte que toute
existence objective s'appuie en dernière analyse, sur
un sentiment, un instinct naturel, une croyance.

Pour Locke, la probabilité est quelque chose comme
« l'opinion vraie » de Platon, très approchant de la
certitude. Mais la croyance est encore au-dessus d'elle
et plus voisine de la science : à elle est dévolu tout ce

qui est d'accord avec la raison comme aussi tout ce qui la dépasse — seul ce qui est contraire à la raison déborde le domaine de la croyance.

Chez Hume, même division tripartite que chez Spinoza ; démonstrations, preuves, probabilités, le deuxième groupe constituant la « connaissance moyenne ». Mais la croyance est autorisée ici à plus de revendications encore que chez Locke : tout l'immense domaine des faits la réclame car tous se fondent, en dernier lieu, sur le principe de causalité, qui n'est légitimé que par notre croyance. Et celle-ci devient une puissance avec laquelle il faut compter, si l'on soutient que dans l'affirmation : « ce corps tombera parce que d'autres déjà sont tombés, » il n'y a pas science mais simple croyance.

II

Mais la position moderne du problème de la croyance devait sortir, comme sa conséquence, de la critique kantienne et de la révolution qu'elle opérait (1).

Car, si comme j'ai essayé de le montrer, tous les éléments du problème sont en germe chez Pascal, avec lui nous avons encore plutôt des intuitions que des démonstrations.

Pascal fait œuvre apologétique et non critique.

Il a, contre la raison, les véhémences d'un mystique et s'il fait souvent preuve d'une psychologie très pénétrante, il ne s'attarde pas à analyser notre faculté de connaître. Avant Kant il n'y a pas de critique de la

(1) Cf. Kant und Kopernicus, in « Die hundertjährige Gedächtnissfeier der Kritik der R. V. » Kuno Fischer.

connaissance : il n'y a pas encore de théorie scientifique de la croyance. La relativité de toute connaissance
à jamais établie, il s'ensuivait un déplacement du problème de la croyance : elle devenait l'objet d'une étude
psychologique à partir du jour où l'on nous démon-
trait que toute affirmation d'existence s'appuie sur
des raisons objectivement insuffisantes et que le jugement tient au sujet (1). « Das Fürwahrhalten ist
eine Begebenheit in unserem Verstande, die auf objek-
tiven Gründen beruhen mag, *aber auch subjektive Ur-
sachen im Gemüthe dessen, der da urteilt, erfordert* (2). »

Et ailleurs : « Die Uberzeugung ist nicht logische
sondern *moralische Gewissheit* und da sie auf subjekti-
ven Gründen (der moralischen Gesinnung) beruht, so
muss ich nicht sagen : *es ist* gewiss, sondern : ich bin
gewiss (3). »

Kant réhabilitait la croyance qui, tant qu'on avait
tenu pour possible une connaissance objective de certitude apodictique, avait été discréditée, regardée comme
une source de connaissance inférieure parce qu'entachée de subjectivisme.

Le système même de Kant, son point de départ dans
l'existence d'une morale comme donnée, dans les postulats de la raison pratique, non seulement réduisent
la portée de toute certitude objective mais assurent

(1) *Critiq. de la raison pure.* Du canon de la raison pure
(opinion, savoir). La position nouvelle du problème se résume
dans cette déclaration de Kant : « J'ai dû détruire la soi-disant
Science pour faire place à la croyance (*Ich musste das Wissen
aufheben, um zum Glauben Platz zu bekommen.* » Préface de
la *Cr. de la R. pure,* p. 36.

(2) *Krit. d. R. Vernunft,* éd. Kirchmann, p. 633.

(3) *Id.,* 639.

avec l'impératif catégorique, le primat de la croyance sur la connaissance (1).

La conception nouvelle, la révolution qui s'est accomplie et a anthropomorphisé notre croyance, c'est chez un disciple de Kant que nous la trouvons formulée : c'est Fichte qui énonce la conception moderne de la croyance. « La croyance, écrit-il, est ce qui donne aux choses la réalité » — et il en arrive à faire sortir l'intelligence de la volonté libre. Reprenant la déclaration de Platon, Fichte constate que dans le choix qu'il fait de sa philosophie, chacun suit son propre caractère.

Schelling le suit dans cette voie et déclare que la croyance doit précéder la certitude car jamais la logique ne pose l'existence, elle la suppose. « Wille ist die unbegreifliche Basis der Realitat, der nie aufgehende Rest, das was sich mit der grössesten Anstrengung nicht im Verstande auflösen lässt sonder ewig im Grunde bleibt (2). »

Quelles ont été les destinées du mouvement kantien ? Il n'a cessé d'agir, de s'accentuer, la distinction posée par Kant devenant opposition et aboutissant au conflit absolu entre la science et la croyance.

En Angleterre, la croyance et la connaissance sont mises en contradiction par Hamilton, mais, fidèle au kantisme il subordonne l'intelligence à la foi et déclare *crede ut intelligas* (3).

---

(1) « La certitude morale n'est pas une science et pourtant « c'est une certitude complète, ce n'est pas une simple opinion : « c'est une conviction, c'est une *croyance pratique.* » *Gesch. der modernen Philos.*, t. IV, Kuno Fischer.
(2) *Transc. Idealism. Einleit.*, § 3, C. D.
(3) On *Reid*, 768.

Newman, un penseur qui n'était rien moins qu'un philosophe, s'attache à son tour à faire ressortir l'importance du facteur personnel dans la connaissance. Dans sa *Grammaire de l'assentiment* il montre l'insuffisance de la logique pour nous conduire à la certitude *réelle* qu'il distingue de la certitude *abstraite* (1). « La méthode syllogistique ne peut aboutir qu'à la « probabilité, si la déduction logique était la seule « méthode, la réalité demeurerait en dehors de notre « atteinte, car les syllogismes sur l'abstrait ne peuvent « définir le concret (2).» Pour arriver à la certitude concrète il faut toujours partir du moi, il faut admettre un autre principe de connaissance, le *raisonnement concret*, ce que Newman appelle *Illative sense* et qu'il définit la personnalité dans sa fonction concrète (3).

Cependant le divorce entre la croyance et la science aboutit à la croyance — nescience de Spencer (4) tandis qu'en Amérique, M. James confesse l'*alogisme* de la croyance.

Le néo-kantisme s'attache à faire ressortir le caractère volontaire de la croyance ; la subjectivité de toute certitude est bien mise en évidence par M. Renouvier (*Psychologie rationnelle*). Il répète que la croyance ne ressortit pas à la seule logique, qu'on *croit être certain* et il montre que la certitude, immuable en son objet, dépend, pour se constituer dans un homme donné, de l'état actuel de cet homme, de ses habitudes, de la nature et de l'empire de ses passions ! En un mot, la

(1) *Real assent* opposé à *Notional assent*.
(2) *Essay on a grammar of Assent*, p. 268-69.
(3) *Id.*, p. 345.
(4) *Premiers principes*.

certitude est un acte de l'homme et il n'y a à vrai dire, pas de certitude, mais *des hommes certains.*

Les philosophes ne s'écarteront plus de cette voie : les conditions morales de la certitude, la volonté bonne requise comme minimum de lumière, voilà ce que nous montrera encore M. Ollé-Laprune (*De la certitude morale*).

III

Un dernier pas restait à faire : envisager le problème de plus près, non plus du point de vue de la philosophie pure, mais de celui de l'observation et de la psychologie expérimentale. Ce devait être la tâche d'un siècle d'analyse scientifique, tâche modeste et souvent ingrate, de s'arracher à l'attrait de la spéculation pure pour s'enfermer dans l'analyse patiente du fonctionnement de notre activité psychique. Il était réservé à notre siècle de voir en la croyance un fait vital, où valent encore les lois de la biologie et qui plonge des racines jusqu'au plus profond de notre organisme. Ce dernier pas a été rendu possible par les progrès de la science moderne qui s'est aidée, là encore, de ses deux auxiliaires : l'expérimentation et l'étude des malades. La pathologie est devenue une alliée dont nous avons tiré le plus grand parti.

Nous avons appris à découvrir dans la singularité une précieuse leçon ; nous savons faire produire à l'exception monstrueuse une abondance de vérités nouvelles. C'est en étudiant ses anomalies, en la voyant (ou la faisant) croître démesurément ou décroître jusqu'à la folie du doute ; en un mot, en observant comment elle se fait et se défait, que nous avons mieux discerné les éléments de la croyance. C'est Pinel qui a le premier entrevu la portée psychologique de l'observation des malades : « Il faut regarder comment les « fous déraisonnent, dit-il, pour apprendre comment « pensent les sages. »

La pathologie nous a ainsi aidé à comprendre bien des phénomènes, à les ramener à leur cause prochaine; aussi comm   le remarquait déjà Leuret (1) nos théories ont-elles changé : « autrefois, derrière les aber- « rations de l'entendement on voyait un ange ou un « diable qui faisait tout mouvoir ; aujourd'hui les théo- « logiens se retirent et font place aux médecins qui « expliquent tout par des causes naturelles. »

Et le résultat de ces études a été un résultat moral. Avec les progrès de la science ont marché de pair ceux de la tolérance. A la lumière des faits mieux interprétés, les ténèbres du fanatisme se sont dissipées : nous ne brûlons plus les hystériques, nous les soignons.

Le cas d'une Mme Guyon, qui jadis provoqua une bulle du pape, n'amènerait aujourd'hui qu'une consultation : les progrès en lumière, cette fois encore, ont amené les progrès en charité. — La révolution ou plutôt l'évolution accomplie, ç'a donc été de faire notre croyance nôtre. Elle a cessé d'être un fait surnaturel, c'est-à-dire de nous être apportée du dehors par une *grâce* qui nous laissait passifs. Elle est plus que l'aboutissement d'une dialectique, elle n'est plus seulement affaire de tête mais encore de cœur : elle n'est plus un miracle, elle est l'homme tout entier.

(1) Leuret, *Fragments psychologiques* (1834).

Ces vues modernes, d'après lesquelles l'homme participerait à sa croyance et devrait fournir sa collaboration, ne sont qu'un aspect nouveau de la tendance contemporaine à rétablir la volonté dans toutes les manifestations de l'esprit humain.

Déjà au sujet du *langage*, « la parole, nous dit-on, est fille de la volonté » (1). Dans les *mathématiques*, on nous montre chaque jour, avec l'irréductibilité des postulats, la part de convention, partant de contingence. « Les mathématiques nous donnent le plus saisissant « exemple de la pensée s'exerçant sur des concepts « dont elle a elle-même fixé la connotation par dé- « cret (2). » Pour les *sciences* « c'est dans ce qui forme « l'intérieur le plus reculé de notre volonté que se « cache la source profonde d'où jaillit toute scien- « ce (3) ». Enfin la *logique* « se rattache plus intime- « ment qu'on ne l'a supposé à la psychologie. L'adhé- « sion au principe d'identité ne s'impose pas égale « pour tous ; la valeur des constatations impliquées « dans tout jugement varie avec le caractère de celui « qui juge (4) ». Ainsi, l'homme collaborerait même à la loi de certitude apodictique, au principe de contradiction !

En tous cas, « la nécessité d'accepter pour règle les axiomes logiques n'est pas plus inflexible que la nécessité de croire aux impératifs de la conscience ». En un mot, aucune connaissance n'est assez certaine de par la seule nécessité intellectuelle. Ausssi Descartes re-

(1) Cf. Noiré, *Ursprung der Sprache.*
(2) Cf. Milhaud, *Certitude logique,* p. 10.
(3) Ravaisson, *Philosophie au XIX° siècle.*
(4) Dauriac, *Croyance et réalité,* p. 23.

courait-il à la véracité divine : nous tendons aujourd'hui à supprimer la dualité, nous ne demandons plus l'intervention d'un Dieu qui agirait en dehors de nous ; nous cherchons en nous et croyons trouver le principe divin dans notre volonté, nous fondons sur elle la grandeur de la personnalité humaine.

Un danger restait à craindre — et en allant au devant de l'objection que beaucoup nous feront nous tenons à ce qu'on entende bien ce que signifie pour nous une étude psychologique de la croyance.

Et d'abord la question de la foi religieuse demeure indemne, nous ne nous sommes pas occupés des problèmes religieux proprement dits, nous n'avons pas fait œuvre apologétique mais psychologique. Nous pensons donc que les résultats où nous ont conduits ces recherches valent quelles que soient les croyances religieuses adoptées et ne sauraient blesser personne. Nous verrons même que notre conception de la croyance implique que pour chacun la religion diffère suivant une équation personnelle.

Nous ne préjugeons donc rien en ce qui concerne la foi, seulement nous lui rendons son entière portée et l'étudions sur son terrain quotidien. Nous prétendons que notre vie journalière n'est qu'une série d'actes de foi, que chacune de nos paroles témoigne de croyances et nous pensons qu'il y a lieu d'analyser ces faits élémentaires parce qu'ils forment, avec les plus complexes, une chaîne continue et que dans nos croyances métaphysiques les plus abstraites se retrouvent les mêmes éléments à l'aide desquels se constitue notre croyance en une simple perception sensible.

Nous partirons donc de ce stade primitif où la

croyance semble indissolublement liée à la sensation : celle-ci est bien, en effet, la condition sinon suffisante du moins nécessaire de celle-là ; si haut que doive s'élever ensuite l'édifice de la croyance, c'est là son assise, là qu'elle est le plus solidement enracinée ; c'est donc là qu'elle présente sa plus grande intensité. Mais c'est aussi son plus bas degré en tant qu'expression de notre volonté, de notre personnalité. Nous la suivrons à mesure qu'elle s'élève hiérarchiquement et s'adjoint des éléments nouveaux, nous la verrons gagner en valeur psychologique à mesure que, se dégageant de la sensation, elle perdra en solidité. Nous retrouverons, enfin, dans ses formes supérieures, abstraites, tous les éléments qui aux stades inférieurs nous ont paru en germe dans l'acte de croyance. Nous essaierons alors d'en retracer l'extension, de nous demander sur quoi porte cette croyance dont nous venons d'analyser la composition et quelle en est la portée.

Nous nous réservons, enfin, de compléter plus tard cette étude par celle d'une question négligée jusqu'ici, celle de la pathologie de la croyance, étude qui viendra encore confirmer nos conclusions actuelles.

Il pourrait sembler à quelques-uns que faire ainsi « descendre le problème du ciel sur la terre » soit un acte impie et que traiter la croyance en simple fait psychologique soit méconnaître tout ce qu'elle enferme d'Inconnaissable.

Que l'on se rassure : nous ne pensons pas tout expliquer en étudiant le problème du point de vue où il nous est le plus abordable et parce que nous parlons de la croyance comme d'un fait psychologique, nous ne l'en voyons pas moins déborder de toutes parts notre cadre.

Mais ce cadre nous l'avons systématiquement choisi tel et nous nous sommes systématiquement défendus contre toute spéculation métaphysique. Nous avons donc délimité notre terrain et choisi un point de vue acceptable dès qu'on nous accorde le postulat que nous demandons, à savoir que systématiquement nous laisserons inabordé le problème de l'origine première de la croyance. Nous ne prétendons guère dire le dernier mot sur notre sujet et moins que tout autre nous méconnaissons l'immense portée métaphysique de la croyance. Mais nous savions qu'en allant plus loin nous rencontrerions le grand X final et systématiquement nous nous sommes arrêtés devant lui.

Nous voulons seulement parler de ce que chacun peut voir, nous en tenir à une étude restreinte, mais scientifique, qui comme telle nous permet d'admettre que « constater les faits et leur enchaînement, c'est les expliquer entièrement ».

Nous nous renfermons dans la psychologie : or tout ce qu'elle peut faire « c'est de prendre les états de conscience à titre de données et de déterminer quelques-unes de leurs conditions d'existence » (1). Notre abstention, c'est donc l'aveu sincère de l'impuissance humaine, non la cécité des profanes en face du Mystère.

Ce serait à tort, du reste, qu'on accuserait notre siècle de méconnaître ce Mystère premier, qu'on l'appelle Volonté ou Vie. Nous en gardons le sens — et le culte — seulement nous l'avons déplacé. De transcendant, le Mystère s'est fait immanent. Ce n'est plus tant le monde extérieur qui nous écrase par sa grandeur, que

---

(1) Ribot, *Maladies de la mémoire*, p. 21.

le mystère de notre conscience intime. L'homme moderne au lieu d'ouvrir sur le dehors des yeux étonnés, regarde au dedans de lui, se cherche, sentant d'instinct que s'il s'était trouvé il aurait tout trouvé. Par les progrès de l'investigation humaine, l'inconnu toujours chassé, repoussé de plus en plus loin, se trouve aujourd'hui acculé dans ses derniers retranchements : les faits simples et quotidiens.

Notre siècle apprend à s'émerveiller devant la Vie et voit le miracle, non plus hors la Nature mais partout en elle ; comme Giordano Bruno, dans une goutte d'eau nous entrevoyons l'Infini. Qu'on se rassure donc : étudier la Croyance comme un fait, au même titre que la Volonté, ce n'est pas essayer d'en supprimer le Mystère, ni prétendre le résoudre. Ce sera peut-être constater qu'il s'étend jusqu'où nous ne songions pas à le chercher, qu'il habite à notre porte et partout en nous.

PREMIÈRE PARTIE

DE LA COMPOSITION DE LA CROYANCE

CHAPITRE PREMIER

CROYANCE ET SENSATION.

Nous nous sommes proposés de suivre la croyance dans ses progrès et d'observer la hiérarchie de ses étapes. Nous la prenons donc d'abord là où elle est le plus grossière, où elle semble s'imposer, et moins la source d'où elle découlera sera élevée du point de vue intellectuel, plus la croyance sera forte.

Conformément à ce programme il convient d'étudier d'abord la croyance inhérente *à la sensation* : c'est en effet dans la perception sensible que nous est donné le maximum de croyance. L'affirmation la plus immédiate est celle qui suit la sensation : voilà un axiome sur lequel personne ne dispute. Plus ou moins masquée, la sensation est la condition, *sine qua non*, de la croyance et il nous est impossible de croire à ce dont nous ne pouvons immédiatement ou médiatement — avoir une perception sensible. Prenons par exemple un aveugle-né : jamais il ne *croira* à l'existence des couleurs, quelque description que nous tentions de lui en donner. Un individu atteint de daltonisme pourra essayer de se représenter le rouge dont il ne peut avoir la sensation : ses efforts ne lui donneront jamais la croyance qu'il existe une couleur rouge. A cet égard, nous sommes un peu tous comme saint Thomas : il faut que nous voyions et touchions pour croire. En vain nous voudrions être de ceux que le Christ envie, de ces heureux qui croient sans avoir vu — la suite de ces recherches nous montrera que où la sensation semble absente elle n'est que dissimulée ou suppléée mais que toute croyance a son *terminus a quo* et son *terminus a quem* dans la sensation.

La croyance, au moins chez l'homme normal, y semble liée fatalement. Le sens commun cherche en elle son critère de certitude, montrer est pour lui démontrer et il a prouvé sans réplique quand il a dit : « aussi sûrement que je *vois* ou que je *touche* cet objet ! »

La force avec laquelle s'impose à nous la croyance en nos sensations apparaît dans notre ténacité à persévérer dans des illusions sensorielles que pourtant nous savons telles. Les illusions d'optique sont surtout probantes à cet égard (les phénomènes, par exemple, appelés par Helmholtz « contrastes simultanés »). Bien que l'expérience et le jugement nous aient appris notre erreur, ne sommes-nous pas toujours tentés de croire qu'un bâton vu dans l'eau est cassé ? ou que le train en arrêt dans lequel nous nous trouvons est en mouvement, tandis que c'est celui qui nous croise qui se meut ? De même, n'en revenons-nous pas toujours à parler des couleurs, des odeurs, comme si elles existaient objectivement ? Si ces croyances, bien qu'erronées et reconnues être telles, nous attirent toujours plus fortement que les hypothèses moléculaires ou vibratoires, c'est par suite de leur facilité à rendre compte de la sensation.

Source immédiate de la croyance, la *sensation* pour la susciter doit remplir quelques conditions générales. Elle devra être d'abord suffisamment *intense* ; car s'il n'y a pas lieu d'établir de proportion, cependant une sensation trop faible serait insuffisante à amener la croyance et pour que surgisse celle-ci, celle-là ne saurait descendre au-dessous d'un certain seuil. Nous verrons en étudiant les anomalies de la croyance comment l'affaiblissement de nos sensations entraîne graduellement le doute.

Il faudra, en outre, que la sensation présente une *netteté* suffisante, car si elle est imprécise, un état de conscience imprécis s'ensuivra, incapable d'amener la croyance. Enfin la sensation subira la loi de l'*habitude* qui en multipliera l'effet et nos croyances seront d'autant plus enracinées en nous, qu'elles seront la conséquence de sensations souvent reproduites. On croit fortement à ce qu'on voit à toute heure.

Ce sera encore une loi de notre croyance sensorielle qu'elle soit d'autant plus forte qu'il y aura plus de cohésion entre ses divers éléments. Il se produit dans la perception sensible une sorte de *sommation* en vertu de laquelle, plus un objet nous fournit de sensations susceptibles de s'associer et de s'évoquer l'une l'autre, plus est forte notre croyance en l'existence de cet objet (1).

Supposons, par exemple, que nous entendions un son, nous croirons en notre perception, mais moins cependant,que si en même temps nous apercevions l'objet, cause de l'impression auditive, c'est-à-dire que celle-ci s'ajoute à l'impression visuelle.

Et, de fait, aucun objet ne nous fournit une sensation unique, mais toujours un système plus ou moins complexe de sensations ou d'images associées : celles du toucher avec celles de la vue, le plus souvent. Aussi quand l'une devient douteuse ou s'efface, les autres nous sont-elles un moyen de contrôle. « Nos sens, a dit Locke, se rendent témoignage l'un à l'autre de la vérité de leurs rapports touchant l'existence des choses sensibles. »

Maintenant cette croyance inhérente à la sensation, est-elle la même quelle que soit la nature de celle-ci ? ou bien certain groupe de sensations l'emporte-t-il sur les autres en amenant une croyance plus sûre ou plus profonde ? Il ne semble pas y avoir égalité et les sens de l'odorat et du goût semblent inférieurs, sur ce point encore ; celui de l'ouïe est moins important que ceux de la vue et du toucher.

Mais ici un débat s'élève : certains tenant pour la suprématie des sensations visuelles, d'autres pour celle des sensations tactiles.

Il est à remarquer que dès la plus haute antiquité la priorité de ces deux sens rivaux est posée. « La vue et l'ouïe ont-elles quelque sorte de certitude ? » demande

(1) « La croyance est produite par l'action réciproque des représentations, par lesquelles elles se soutiennent et se confirment les unes les autres. » *Herbart*.

Platon, « car si ces deux sens ne sont ni sûrs ni véritables, les autres le seront encore beaucoup moins, étant beaucoup plus faibles (1) ». Mais Platon tranche le débat au profit de la vue : « As-tu remarqué, demande-t-il (2), combien l'ouvrier de nos sens a fait plus de dépense pour l'organe de la vue que pour les autres sens ? »

C'est l'opinion qui prévaudra dans l'antiquité : seul Démocrite et peut-être les Stoïciens — et ce sera la conséquence d'un mécanisme qui réduit l'être aux atomes résistants — demandera la certitude au toucher.

De nos jours, James Sully fait de l'œil l'organe de perception par excellence (3), de même pour Spencer (4) « les nombreux états de conscience dus à la vision seraient plus tranchés que les autres dans leurs limitations mutuelles ». Ils seraient une source supérieure de croyance en ce que dans les sensations visuelles prédominent les éléments rationnels.

« Ces sensations ont, plus que toutes les autres, l'ap-
« titude à se combiner, à former des groupes, elles ont
« en outre l'avantage d'être absolument liées dans
« l'Espace et très liées dans le Temps. » Pour Spencer la vue vient donc en premier lieu, puis le toucher, puis l'ouïe.

Cependant tel n'est pas l'avis d'autres auteurs qui regardent le toucher comme de beaucoup supérieur à la vue pour imprimer en nous la croyance. C'est l'opinion à l'appui de laquelle M. Jaurès donne d'intéressants arguments (5). D'abord, dit-il, « le toucher ne

(1) *Phédon*.
(2) *Répub.*, livre VI.
(3) *Illusions des sens et de l'esprit*.
(4) *Psychologie*, liv. I.
(5) *De la réalité du monde sensible*, thèse.

nous donne ni images, ni reflets, lesquels étant si souvent des sources d'erreur, ébranlent notre croyance en nos sensations visuelles. En outre, tandis que les impressions de tact sont toujours confirmées par les impressions visuelles, celles-ci ne le sont pas toujours par celles-là. »

Ce maximum de confiance inhérent à nos sensations de tact, pourrait encore s'expliquer par ceci que le toucher serait le germe d'où sortent tous nos autres sens. C'était déjà l'idée de Démocrite. On la trouve formulée chez Bain qui appelle le tact « le sens générique » (1) et chez Spencer. La vue ne serait ainsi qu'un cas particulier de toucher. C'est ce que dit expressément M. Poirson : « Dans toutes les manifes-
« tations de la sensibilité, le toucher est en jeu, tantôt
« comme instrument passif, tantôt comme organe d'un
« agent libre et doué de volonté. Si l'homme ne tou-
« che pas les astres, les astres viennent le toucher
« puisqu'il les voit (2). »

Faut-il enfin expliquer la supériorité du tact par ceci que la surface sensorielle la plus étendue serait la tactile et qu'il n'existe pas pour le tact d'irritation spéciale, ce qui fait de lui un sens général ?

Cette supériorité tiendrait, pour d'autres, à la liaison des sensations tactiles à celles de résistance (Payot, *De la croyance*).

Mais de ce maximum de certitude inhérent aux sensations de tact, nous croyons que la meilleure explication est celle de Wundt, à savoir que la perception tactile est celle qui réclame le moindre exercice de la

(1) *Les sens et l'intelligence.*
(2) *Le Dynamisme absolu.*

faculté interprétative. Les impressions tactiles, en effet, sont celles dans lesquelles toutes les autres ont dû être traduites avant qu'on pût connaître leur signification (1). Les autres sens ne seraient, selon le mot de Berkeley, que des « anticipations du toucher ».

Enfin, M. W. James ajoute à ces motifs cette considération que « les qualités tangibles sont les plus stables, qu'elles restent toujours pour nous égales à elles-mêmes tandis que les autres varient énormément suivant notre position par rapport aux objets (2). « En outre, ajoute-t-il, les propriétés tactiles sont les plus in timement liées à notre plaisir et à notre peine : une épée ne nous blesse que lorsqu'elle touche notre peau, un poison ne nous nuit que mis en contact avec notre bouche. C'est en tant que tangibles que les choses nous concernent le plus immédiatement. »

Enfin un dernier trait sur lequel on n'a pas encore assez insisté, c'est le rapport particulièrement étroit des sensations de tact avec nos mouvements. Dans l'exer cice de nos autres sens, nous sommes plus ou moins passifs et leur supériorité est faite de la part croissante qu'y prend notre activité : c'est ainsi que dans la vision, les mouvements oculaires jouent déjà un rôle important mais, dans le toucher, par l'exercice volontaire de nos membres, notre activité est à son maximum et elle nous apporte, infiniment nombreuses et variées, ces sensations musculaires dont le rôle est capital dans la for-

(1) Spencer, *Psychologie.* « Le sens *mécanique* du tact est le plus simple. Le processus se rapproche du processus extérieur de l'irritation, nous sentons cette irritation plus *directement* qu'avec les sens « chimiques » (I, 353).

(2) *Principles of Psychology*, t. II, p. 306.

mation de notre croyance. Il est donc vrai qu'aux sensations tactiles incombe un caractère spécial forçant
notre certitude et nous pouvons adopter la formule d'un
vieil auteur du XVIᵉ siècle : « *Tactus est sensuum om-
mium certissimus.* »

Ces sensations tactiles, disions-nous, sont étroite-
ment liées aux sensations musculaires.Plus, en effet, que
tous les autres, le sens kynesthésique mérite de nous
arrêter et l'importance que nous lui voyons prendre
semble légitimer ce titre de « *sixième sens* » qu'on propose parfois pour lui.

Avons-nous jamais des sensations musculaires distinctes et celles-ci jouent-elles quelque rôle dans notre
vie consciente ? — C'est ce que nous montrent suffisamment les analyses modernes du « Sentiment de l'effort ». Il est, en effet, établi aujourd'hui (depuis, surtout, le remarquable travail de W. James) (1) que ce
sentiment de l'effort auquel jusqu'ici, on attribue*t une
direction centrifuge est de nature *centripète* — que
nous n'avons pas conscience de notre volonté d'exécuter
un acte mais seulement des mouvements déjà accomplis en vue de réaliser cet acte (soit sensations musculaires, articulaires, etc.).

On établit cette conclusion par une double méthode
consistant : 1º à démontrer que lorsqu'il y a volonté
d'accomplir un acte et lors même que le mouvement ne
s'accomplit pas, d'autres mouvements ont lieu : (oculaires, respiratoires, etc.).

2º Inversement, la thèse se vérifie par ce fait que
lorsqu'il y a impossibilité absolue d'exécuter le mouve-

_____

(1) « The feeling of effort » essay ; *Psychology,* t. II,ch. XXVI.

ment projeté et qu'on empêche tout autre mouvement suppléant de se produire (cas de paralysie presque complète, cas réalisés par certaines conditions expérimentales), il ne peut jamais y avoir croyance en une volonté d'agir.

Ces conclusions, on le devine, sont de la plus grande importance ; elles renversent les théories jusqu'alors dominantes : celles du sens de l'effort de Biran, de l'innervation motrice de Wundt. Or, ces théories étaient grosses de conséquences car c'est sur le sentiment de l'effort qu'on faisait reposer le principe même de notre personnalité, de notre volonté : c'était le fondement de notre moi.

Un rôle aussi essentiel serait-il donc dévolu aux simples sensations musculaires ? Il semble qu'il en soit ainsi. Nous verrons, en effet, que notre croyance en nous-même repose surtout sur nos sensations internes (sensations générales, sensations organiques, « Gemeingefühl ») parmi lesquelles les musculaires tiennent la plus grande place. Ce sont nos incessantes et si nombreuses sensations kynesthésiques, articulaires, viscérales, qui constituent notre notion du moi, en même temps qu'elles implantent au plus profond de notre conscience la croyance en la réalité de notre personne. « La sensation musculaire, comme le dit M. Ribot, « est un élément constitutif de presque tous nos états de conscience » ; si l'on admet enfin que « le sens du mouvement est le plus universel des éléments psychiques » (1) on comprendra son importance comme facteur de notre croyance. Rudimentaire aujourd'hui,

(1) Beaunis, *Les sensations internes*, p. 121.

chez l'homme, la sensation musculaire, selon les évo-
lutionnistes, aurait eu le rôle principal dans la vie
animale avant le développement de la vue et du toucher. Cette prépondérance nous apparaît, d'ailleurs,
dans quelques cas exceptionnels, véritables expériences que réalise pour nous la Nature, tel par exemple
que celui de la célèbre Laura Bridgmann. Chez elle, la
vue et l'ouïe manquant, les sensations musculaires
(jointes, il est vrai, aux tactiles) suffirent au développement intellectuel : la jeune fille en apprenant à interpréter ses sensations kynesthésiques, fut capable de
connaître et de croire. Il ne faudrait pourtant pas aller
trop loin et affirmer comme le fait M. Payot (1) que
« toute certitude objective provient de nos données
musculaires » et que : « La sensation n'a d'existence
que par l'effort musculaire. »

Nous sommes susceptibles de sensations qui sont
évidemment indépendantes de l'effort musculaire (sensations tactiles, par exemple, ou doloriphères ou ther-
miques).

Il n'en reste pas moins vrai que l'activité musculaire
est la condition et la mesure de notre croyance ; nos
permanentes sensations kynesthésiques provoquent de
notre part des actes de foi non formulés mais qui constituent la base de notre croyance en nous-même et en
l'existence du monde extérieur. A ces sensations internes, sourdes, si je peux ainsi parler, nous ne croyons
qu'avec notre *âme organique* et nous ne les remarquons
pas à l'état normal, mais leur importance se révèle à
ceci que lorsqu'elles sont troublées (affaiblies ou altérées) tout notre fonctionnement mental en subit le con-

(1) Cf. *De l'éducation de la volonté.*

tre-coup. Ces sensations, en effet, constituent la cœnes-
thésie et les troubles de celle-ci, comme nous le verrons
quand nous étudierons la pathologie de la croyance,
sont l'origine de l'hypochondrie et des délires les plus
variés.

Si une certaine supériorité nous a paru inhérente
aux sensations tactiles et musculaires en tant que liées,
de notre part à une plus grande activité, cette loi trouve
une confirmation dans ce qui nous reste à dire sur les
restrictions qu'il convient d'apporter à la toute-puissance de la sensation au point de vue de la croyance.
La sensation brute, en effet, ne suffirait pas à amener
la croyance. Nous ne nous en rendons pas compte parce
que Moi et Non-Moi sont encore si indissolublement
mêlés dans la sensation, qu'il est impossible d'y faire
à chacun une part distincte. Mais l'organe des sens ne
nous livre que des matériaux et tant que notre activité
psychique n'intervient pas pour transformer ces éléments en perceptions, nous ne croyons pas encore. Il y
a dans la sensation, autre chose que ce qu'elle nous apporte : il y a la *réception* que nous lui faisons, ce que
certains auteurs ont appelé « l'attitude du Moi » (Binet,
Lewes).

L'intuition sensible n'est jamais tout à fait immédiate
elle présuppose déjà de l'intelligence, un minimum de
pensée et de volonté.

La sensation pure n'amènerait qu'un réflexe : la lumière introduite dans notre œil, par exemple, produi-
rait une contraction de la pupille, mais on ne pourrait
dire que nous *croyons* à l'existence des objets vus, car
nous nous conduirions en animaux aveugles, nous but-
tant à tous les obstacles.

Dès la sensation, la collaboration de notre Moi, quoi-qu'à son degré minimum, est donc impliquée et la croyance sensorielle requiert déjà, à côté de l'apport du Non-Moi, quelqu'activité de notre Moi (1).

Nous en avons une preuve dans ces cas d'illusions d'optiques où plusieurs appréciations de ce que nous voyons étant possibles, nous pouvons admettre une interprétation de préférence à d'autres et, à volonté, accepter ou refuser telle conclusion qui semblait im-posée par la sensation visuelle (2).

Cette part d'activité qui, dès la sensation, revient à l'âme avait été signalée par Aristote (3), remarquée par Plotin qui, bien avant Pascal, déclare que « pour voir il faut vouloir voir ».

Nous comprendrons, d'ailleurs, toute l'importance de ce facteur psychique, de cette activité personnelle, en observant les cas où elle fait défaut et nous réduit au simple apport extérieur. Nous nous expliquerons ces formes étranges du doute où le malade, qui se trouve en apparence dans des conditions normales, qui reçoit des objets les mêmes sensations que les au-

---

(1) C'est ce qui a échappé à Kant et c'est en ce sens que de-puis lui, la psychologie a progressé. Kant tenait la sensation pour un apport, une matière donnée à l'égard de laquelle nous étions passifs. Nous tendons au contraire à supprimer comme factice, la distinction entre la matière et la forme de la con-naissance et à considérer qu'à la racine de l'expérience ex-terne, la matière (le donné) et la forme (exercice actif de l'en-tendement) ne se séparent pas. Voir sur ce point la critique que fait Schopenhauer de la philosophie de Kant, sa propre théorie de l'intuition sensible, chose réellement intellectuelle impliquant l'apport du principe de causalité.

(2) Cf. Bernstein, *Les sens*, chap. IX.

(3) *De anima.*

tres hommes, ne peut pourtant croire à leur existence, se demande s'il y a bien vraiment un arbre devant lui ou s'il est bien là lui-même, en train de parler.

Si rien n'est changé dans le mécanisme extérieur de la sensation, il faut bien que le changement provienne du mécanisme intérieur : de la réception psychique que lui fait le Moi. Insuffisante par elle-même pour constituer la croyance, la sensation n'en reste pas moins l'indispensable fondement que nous retrouverons, plus ou moins recouvert, à tous les stades du phénomène psychologique.

Quelqu'idée abstraite qui soit proposée à notre esprit nous n'y croirons que quand elle tendra à se rapprocher du caractère et de l'intensité de la croyance sensorielle. Nous verrons notre croyance en nous-même et en l'existence du monde extérieur reposer en dernière analyse sur elle et à mesure que nous nous élèverons dans la hiérarchie des idées abstraites, nous les verrons, comme Antée revenant prendre des forces sur terre, revenir demander un soutien et une matière à la sensation.

Quand, au faîte de notre ascension, nous aboutirons à la croyance religieuse, nous la verrons définie encore par ces mots : « Dieu *sensible* au cœur », — et nos idées quand elles ne se ramèneront pas à l'expérience sensible auront tout juste « la valeur d'une lettre de change tirée sur un habitant de la lune ».

CHAPITRE II

Toute sensation suscite une image qu'elle laisse derrière elle de sorte que, consécutive ou ressuscitante, l'image c'est encore la sensation. C'en est le résidu ou, selon la définition de Taine : « la répétition, la résurrection, la substitution », capable même dans certaines circonstances anormales, d'égaler l'intensité de la sensation.

Après la croyance sur *présentation* (sensation) nous sommes donc amenés à étudier celle sur *représentation* (image) qui en offrira tous les caractères essentiels, support elle aussi, de l'édifice entier de nos croyances.

La sensation et l'image, disions-nous, ne diffèrent que du plus au moins. La première laisse en nous des traces mais à mesure que ces traces deviennent plus nettes, plus profondes, l'objet dont elles ne sont que l'image tend à devenir, lui aussi, plus net, à s'approcher de nous et si une cause quelconque vient renforcer encore l'image, il nous semble que l'objet est capable de nous toucher, de nous blesser : l'image s'est intensifiée jusqu'à la sensation.

On peut, en effet, poser cette loi que toute image mentale suffisamment intense est perçue comme sensation : « Elle est projetée au dehors comme une sensation extérieure... l'image mentale est perçue et interprétée comme si elle était une sensation rétinienne (1). » D'où tout ce que nous avons dit des conditions générales de la croyance sensorielle vaudra-t-il pour celle qui suit l'image, à savoir : *intensité* et *netteté* suffisantes de cette image qui, soumise elle aussi à la loi de *l'habitude*, se trouvera renforcée par la fréquence de son apparition.

Nous disions qu'on ne pouvait croire à la réalité de sensations qu'on ne pouvait pas éprouver : l'identité foncière des deux phénomènes psychologiques, sensation et image, trouve sa vérification dans ce fait qu'on ne peut avoir d'hallucination d'un sens qui n'a jamais fourni de sensations. Par exemple : un aveugle-né qui n'a jamais vu de couleurs n'aura jamais d'hallucination visuelle.

De même que la croyance s'attachait presque fatalement à une sensation trop intense, de même, nous la voyons suivre presque nécessairement une image mentale trop vive ou obsédante.

Les exemples sont nombreux de ces écrivains qui, s'identifiant avec leurs créations, les projettent, pour ainsi dire, sous une forme corporelle dans l'espace et les y perçoivent : tel Flaubert qui vivait si bien la vie de ses personnages qu'il arrivait à croire à leur existence réelle et, selon la phrase célèbre, « sentait le goût du poison de Mᵉ Bovary ». La pathologie nous fournira d'autres cas : celui, par exemple, de cet agent qui surveillant l'exhumation d'un cercueil déclara *sentir* déjà l'odeur de décomposition, alors que le cercueil était

(1) Binet, *Vision mentale*, *Revue philos.*, avril 1889.

3

vide (1) ! tant étaient vives en lui les images (image olfactive en particulier) qu'il avait en l'esprit par anticipation de celles qu'il s'attendait à avoir ! Voilà un cas maximum, mais, à côté, nous pourrions placer celui de Michel-Ange, se représentant avec une telle intensité ce qu'il lisait, qu'à mesure les images apparaissaient devant ses yeux et qu'il illustrait le Dante au cours de sa lecture.

Cela nous amène à envisager le rôle de l'imagination dans la croyance. On conçoit sans peine qu'elle en soit un auxiliaire puissant, mais par cela même susceptible aussi de nous induire en des erreurs dont nous sommes dupes les premiers.

Certains imposteurs, comme les somnambules, se trompent eux-mêmes par une sorte d'auto-suggestion qu'exerce sur eux une image trop intense ; ils sont sincères, ils ne font que nous livrer le contenu de leur conscience, mais nous, en les accusant de mensonge, nous oublions que « la conscience témoigne de ses états non de ses causes ».

Quand une image devient en nous trop forte, elle entraîne fatalement notre croyance par un mécanisme où notre volonté n'a rien à voir. Ainsi pourrait s'expliquer la bonne foi des Tartarins : dans le délit de « gasconnerie » l'image insuffisamment réprimée (par manque des « réducteurs » dont nous parlerons plus loin), prend des proportions démesurées. Ceux qui nous décrivent un chat de la grandeur d'un tigre ne nous mentent pas ; ils ont bien dans l'esprit, au moment où ils nous parlent, une image correspondante à celle qu'ils

(1) Carpenter, *Mental Physiology.*

évoquent, et cette image surgissant dans leur conscience, intense et nette, force leur est de la croire réelle.
N'oublions jamais qu'il y a tous les degrés entre le mensonge délibéré et la fraude inconsciente.

Ces « gascons » pourront nous faire partager leurs
convictions : les mots qu'ils auront prononcés évoque-
ront en nous des images qui, si elles sont assez complexes et assez vives, entraîneront notre croyance. C'est
le principe sur lequel repose le *langage*, parlé ou écrit,
le langage évocateur d'images que d'ordinaire nous ne
développons pas, mais dont chaque terme peut toujours
être ramené à sa source, justifier de son rôle de symbole de la sensation ou de substitut de l'image.

La portée de ce pouvoir évocateur du langage, au
point de vue de la croyance, nous apparaît dans un
grand fait : la suggestion. Sur quoi repose, en effet,
celle-ci ? Sur la possibilité, certaines conditions psychologiques étant remplies, de susciter au moyen de mots
des images assez intenses, assez nombreuses et liées
entr'elles pour que la croyance s'ensuive.

Cette fatalité avec laquelle il semble que l'image s'impose soulève un nouveau problème que j'appellerai
celui de la Non-Croyance. Comment, en effet, puisque
notre conscience est un perpétuel kaléidoscope d'images, ne croyons-nous pas sans cesse et ne sommes-nous
pas des hypnotisés continus ? et puisque les plus folles
images peuvent apparaître ainsi, comment ne sommes-
nous pas des fous continus ?

C'est là que se place le grand fait de la réduction des
images si magistralement exposé par Taine (1).

(1) *De l'intelligence*, I, liv. II.

Toute image assez intense s'impose en effet à notre
croyance mais à condition que rien ne vienne lui faire
obstacle, c'est-à-dire tant qu'elle est seule ; alors elle
règne en maîtresse absolue et il reste vrai (à supposer
qu'on puisse faire le vide dans la conscience à l'aide
d'une sorte de machine pneumatique), que toute image
introduite seule sera crue. Mais dans la réalité il n'en
va presque jamais ainsi ; presque jamais une image
n'est seule et la multiplicité des images est à la fois
nécessaire à *la constitution* comme à *l'avortement* de la
croyance. A sa constitution : car une seule image n'impose que sa tyrannie despotique sans contrôle et c'est
à mesure que la multiplicité des images s'organise,
qu'elles se renforcent mutuellement, s'associant par
agrégats : c'est alors seulement qu'on peut parler de
croyance.

Et cette multiplicité est aussi ce qui enraie les sug-
gestions que sans cela nous subirions : les images cons-
cientes luttent entr'elles, se contredisent et l'une sert
à rectifier l'autre. Supposons par exemple, que surgisse
dans notre conscience l'image d'un livre familier, démesurément agrandie : en même temps, nous avons
dans l'esprit l'image de sa couleur étendue, l'image de
la table sur laquelle est posé le livre — et ces « réducteurs » de l'image la redressent, la ramènent à ses
justes proportions. En fait, au lieu d'images antagonistes, ce sont souvent des sensations qui viennent
servir de réducteurs à l'image et la réduction est alors
d'autant plus sûre qu'une sensation est plus puissante
qu'une image.

Nous avions posé au début la presque identité de l'une
et de l'autre quant à leur rôle essentiel dans la croyance.

Ceci reste vrai tant que nous nous bornons à étudier en eux-mêmes, théoriquement, les deux faits psychologiques. Mais, une différence nous apparaît quand nous passons à la pratique et nous la voyons consister en ceci : qu'une sensation ou un groupe de sensations, règne en maître dans la conscience sans y rencontrer d'ennemi à qui il lui faille céder la place et s'y maintient jusqu'à ce qu'un groupe nouveau vienne à lui succéder — au contraire, pour ce qui concerne les images, non seulement le conflit entr'elles est infini (car elles peuvent surgir indépendamment de toute cause extérieure, c'est-à-dire sans le frein du Temps qui impose au nombre des sensations une borne), mais ces images trouvent en outre, à tout instant, dans les sensations, des réducteurs à qui elles doivent céder le pas. Nous nous complaisions, je suppose, à évoquer les images laissées en notre esprit par un séjour en Afrique : c'étaient des visions de déserts brûlants, des paysages ensoleillés défilaient devant nos yeux et nous croyions, en étendant la main, toucher un palmier... brusquement la sensation d'un meuble, à côté de nous, en nous ramenant à la réalité enraie le tableau de notre fantaisie et fait s'envoler les images comme une troupe d'oiseaux. La sensation, venant ainsi disperser nos images mentales, amène de continuelles *non-croyances* et par là même assure la possibilité de la croyance.

L'image, précisément par suite de sa tyrannique puissance, de sa nature hallucinatoire, est à côté de la sensation à la base de toute croyance et l'on conçoit que son maniement méthodique soit un auxiliaire précieux quand il s'agit d'engendrer telle croyance précise. C'est là le principe jésuitique. La discipline psycholo-

gique, dans le jésuitisme, repose toute, sur la direction
méthodique de l'imagination en vue de la croyance.
C'est une illustration permanente du texte proposé à la
foi, c'est une vivification des mots par un défilé de
scènes : une lanterne magique donnant la vie concrète
aux idées abstraites.

On choisira d'abord des images susceptibles d'entretenir l'esprit dans l'ordre d'idées voulu, ces images
s'imposeront à lui d'une façon continue, accaparant
ainsi l'attention et monopolisant la conscience du sujet. Ces images seront en outre choisies telles qu'elles
frappent l'imagination, c'est-à-dire que le caractère
affectif y domine et que par l'émotion engendrée, elles
pénètrent plus profondément en l'âme qu'il s'agit
d'influencer. Tous les sens seront requis. C'est ainsi
qu'on suscitera des *images visuelles*, mettant sous les
yeux du sujet des tableaux lui rendant visibles les lieux
et les hommes dont il est parlé dans la religion. — Des
images auditives : « Il faut entendre par l'ouïe inté-
« rieure ce que disent tous les personnages, par exem-
« ple les personnes divines conversant ensemble dans
« le ciel sur le rachat du genre humain.... Il faut en-
« tendre par l'imagination les plaintes, les sanglots,
« les hurlements qui éclatent en enfer contre le Christ
« et les Saints (1). »

L'*odorat* aura sa part aussi : « Il faut respirer par
« l'imagination la fumée, le soufre et la puanteur
« d'une sorte de sentine ou de boue et de pourriture (2). »
— Les *images gustatives* viennent ensuite : « Il faut

(1) Ignace de Loyola, *Exercitia spiritualia.*
(2) *Id.*

« goûter en imagination les choses les plus amères
« comme les larmes, l'aigreur, le ver de la conscience. »

Enfin les *images tactiles* cloront la liste : « Il faudra
toucher ces feux dont le contact consume les âmes. »

Comme dit très heureusement Taine : « Chaque dent
de l'engrenage mord à son tour, la répétition et la per-
sistance du choc approfondissent l'empreinte (1). »

En étudiant plus tard la croyance religieuse nous
reviendrons sur le rôle de l'imagination dans la foi,
montrant qu'il n'est pas restreint au jésuitisme mais
qu'il tient une place prépondérante dans toutes les religions. Nous l'avons étudié dans la discipline jésuitique
parce qu'il est là plus grand que partout ailleurs et
surtout parce que nous trouvons là, avec une parfaite
compréhension du pouvoir de l'imagination, une utili-
sation méthodique de cette force. L'emploi qu'on en
fait témoigne d'une connaissance de la nature de l'i-
mage amenant à voir en elle un substitut de la sensation, capable de nous rendre présent un objet absent
et susceptible de fortifier en nous l'illusion en nous
affectant des mêmes émotions que nous aurions de
l'objet présent. « L'homme, en effet, peut être affecté
« d'une impression de joie et de tristesse par l'image
« d'une chose passée ou future comme par celle d'une
« chose présente (2). »

(1) Taine, *Voyage en Italie*, I, 289.
(2) Spinoza, *Éthique*, 3e partie, prop. 18.

CHAPITRE III

Nous avons dit que l'image, comme la sensation, s'imposait d'autant plus à notre croyance qu'elle s'accompagnait davantage d'éléments affectifs. L'émotion est, en effet, un facteur essentiel de notre croyance, elle la colore, l'anime et lui communiquant la vie, la rend assimilable à l'être vivant que nous sommes. Une croyance qui n'engendrerait pas d'émotion serait, en effet, « un non-être, un mot vide, dit M. Ribot, comme le chagrin sans pleurs reste un état intellectuel pâle et froid » (1). Nous ne sommes pas des esprits purs et le consentement logique est si loin de suffire à notre croyance, qu'on peut dire que l'idée qui ne traverse pas le sentiment reste lettre morte. L'intelligence propose, l'émotion entraîne : l'une est comme la lumière, l'autre comme la chaleur. « L'idée pure, avait déjà déclaré Malebranche, ne soulèvera jamais un fétu. »

Prenons telle proposition à laquelle il s'agit pour nous de croire, celle-ci, par exemple : « A cette heure un homme expire ». Nous accorderons que cela doit être vrai, car l'expérience et le raisonnement nous permettent de faire une induction et nous croyons bien

(1) Ribot, *Psychologie des sentiments*, p. 95.

qu'en effet, à toute heure, des vies s'éteignent. Pourtant nous ne sommes encore qu'en face d'une vérité générale, d'une abstraction où nous a conduit un travail cérébral et qui n'amène de notre part qu'une affirmation cérébrale elle aussi, c'est-à-dire un acquiescement logique froid et mort.

Pour comprendre que nous puissions croire avec une vivacité tout autre, supposons simplement que la proposition soit énoncée ainsi : « A cette heure votre meilleur ami expire. » Cette phrase nous bouleverse : une douleur profonde s'empare de nous, il ne s'agit plus d'une vérité générale, les mots prononcés devant nous évoquent un tableau précis, émouvant, agissant sur toutes les fibres de notre être, colorant nos souvenirs, pensées, désirs d'une même teinte de souffrance. Dans ce cas l'affirmation que nous *croyons*, cesse d'être un froid acquiescement logique : croire à la mort de notre ami, c'est croire aux changements, aux sentiments que nous percevons en nous. En un mot il ne s'agit plus d'une croyance *externe* en certaine vérité existant en dehors de nous — c'est une croyance *interne* en nos propres états de conscience, c'est-à-dire une croyance devenue nôtre, assimilée, vivant de la vie de notre Moi.

C'est là le grand principe qu'énonce d'une façon très significative la langue vulgaire qui dit que nous croyons ce qui nous *touche* — c'est-à-dire ce qui arrive au contact de notre personne vivante, ce qui fait vibrer en nous le clavier humain. Il en résulte cette différence entre l'idée et l'émotion qu'on peut douter de l'une tandis que la croyance en l'autre est immédiate. C'est ce qu'avait très bien vu Descartes : « Nous pouvons douter de

3.

« nos perceptions, dit-il, nous croyons toujours à nos
« émotions. On peut avoir des hallucinations mais en-
« core qu'on rêve on ne saurait se sentir triste ou ému
« de quelque passion qu'il ne soit très vrai que l'âme
« a en soi cette passion (1). »

Si profondes que soient nos convictions raisonnées,
une vive émotion les fortifie. C'est l'A B C de la diplo-
matie. Toutes les religions y recourent ; elles savent le
danger d'une croyance qui serait toute de tête ; pareille
foi, en effet, serait morte et tendrait à devenir bientôt
un pur psittacisme. Combien sera vivante, au contraire,
la foi en Jésus crucifié, en un Dieu sur les souffrances
duquel nous nous serons émus ! combien mieux nous
croirons en lui après avoir sur lui versé des larmes !

Ne croyons-nous pas plus un prédicateur que son
livre ? Nous verrons que toute foi religieuse s'alimente
aux fontaines du sentiment et si nous trouvons plus de
foi chez la femme que chez l'homme (comme d'ailleurs,
plus de crédulité en général) n'est-ce pas en raison de
l'émotivité plus grande chez celle-là que chez celui-ci ?

Toute l'éloquence, qui tend à persuader, compte plus
sur l'émotion qu'elle éveillera que sur les arguments
logiques qu'elle exposera. Une bonne cause, pour un
avocat, n'est pas toujours celle qui a de son côté le
droit mais plutôt celle qui permettra d'attendrir ou de
soulever l'auditoire.

Malheureusement cette puissance de l'émotion est
aussi un danger et contribue à introduire dans les
esprits bien des erreurs. Quand, par exemple, nous
serons en présence d'une croyance absurde, si l'on

---

(1) Descartes, *Traité des passions*, I.

éveille en nous une émotion qui aille dans le sens de cette idée fausse, elle se fortifiera, s'implantera en nous, indéracinable.

Ce qui fait si tenaces les sottes croyances populaires aux revenants, fantômes, etc., c'est la peur qu'elles suscitent en nous. « Nous voyons le pouvoir que pos-« sède une émotion, dit Bain (1), de donner non seule-« ment son caractère propre aux conceptions formées « sur tous les sujets, mais de faire croire à la réalité « des conceptions altérées. »

Le fait n'est malheureusement que trop fréquent, c'est l'origine de toutes les superstitions et l'on devine l'étendue du danger si l'on songe à cette grande loi de la psychologie sociale dont nous parlerons plus loin : la contagion de la croyance. Qu'un homme vivant parmi ses semblables se soit mis en tête quelque idée absurde, l'idée (pour prendre un exemple malheureusement historique) que pour faire son salut il faut s'enterrer vivant. Tant que cet homme se bornera à démontrer, à discourir de sang-froid, il n'ébranlera pas la raison de ses semblables ; mais qu'une émotion violente vienne lui donner en son idée une croyance fanatique (qu'il s'imagine, par exemple, entendre des voix le pressant de sauver ses frères et lui-même) la folie va se communiquer et l'émotion de cet homme devenant contagieuse éveillera des croyances en rapport avec elle

Ce que les beaux discours, les subtils raisonnements n'avaient pu faire l'émotion le fera et elle sera le sûr instrument de cohésion qui unira tout un groupe d'hommes dans une même croyance (2). Voilà l'origine des

(1) Bain, *Emotions and the Will.*
(2) Cf. Hume. « Ce qu'un Cicéron ou un Démosthène pou-

légendes, des récits merveilleux de la mythologie,
l'origine aussi de toutes ces « épidémies » sociales et
religieuses qui constituent un si curieux chapitre de la
pathologie de la croyance.

Ce grand pouvoir de l'émotion tant comme source
d'erreur que comme auxiliaire de la croyance — tient
à ce qu'elle opère « un accaparement » dans son sens ;
« elle agit », dit fort bien Bain, « comme un accusé qui
écarterait les témoins défavorables (1) ».

Voilà, très bien défini, le rôle de l'élément affectif : il
opère un détournement à son profit de tout ce qui pénètre ultérieurement dans la conscience. Une passion
vient-elle à prédominer en nous, elle joue le rôle de
centre autour duquel tout vient graviter : toutes les idées
introduites ensuite dans l'esprit seront acceptées ou
rejetées suivant qu'elles s'harmoniseront ou seront en
désaccord avec cette émotion. « Quand une émotion est
« excessive, nous pouvons non seulement prédire les
« actions mais pour ainsi dire les pensées des indivi-
« dus qu'elle possède. Rien de ce qui est en désaccord
« avec elle ne trouvera place dans l'esprit. Le courant
« entier des pensées et des souvenirs, reçoit une em-
« preinte qu'il doit à l'émotion (2). »

Celle-ci est donc une source d'erreur en ce qu'elle
constitue un verre d'une teinte spéciale au travers duquel tout sera désormais regardé et dont tout, par suite,

---

« vait à peine obtenir sur les auditoires de Rome ou d'Athènes,
« chaque capucin, chaque missionnaire peut l'obtenir dans un
« plus haut degré sur le gros des hommes, en *remuant leurs
« passions* vulgaires et grossières. » *Essai sur l'entendement*, X.

(1) Bain, *Emotions and the Will*.
(2) *Id.*, *op. cit.*

prendra la couleur. Cette croyance qui s'attache fatalement à l'idée conçue avec une extrême émotion, c'est
le « vertige mental » de M. Renouvier (1). Le mot est
assez expressif : il désigne le vertigineux entraînement
de la raison par l'émotion et nous savons quel rôle on
fera jouer « au vertige mental » dans la foi de Pascal.

Pourtant, les cas individuels seront rares et atténués,
nous trouverons surtout le vertige mental dans les cas
d' « épidémies » de croyances, alors que le nombre de
ceux qui la partagent semble réaliser une multiplication de l'émotion.

Celle-ci ne se borne pas à fortifier en nous une idée
déjà accueillie par l'esprit : elle est *prédisposante* et lorsqu'elle préexiste à l'idée, nous avons ce curieux phénomène d'une émotion engendrant quelque croyance qui
la puisse justifier, qui puisse réaliser l'équilibre logique. L'idée n'est plus, en ce cas, qu'une justification
a posteriori, une excuse que l'esprit cherche à se donner.

Supposons, par exemple, que sans cause connue de
nous, nous soyons en proie à un grand trouble : nous
cherchons en vain ce qui peut nous émouvoir ainsi,
mais nous ne consentons pas longtemps à rester sans
réponse, nous faisons des hypothèses, nous examinons
les causes possibles de notre émoi et — d'après des
motifs tout subjectifs — nous en choisissons une qui
nous semble plus vraisemblable que les autres et qui,
dès lors, est crue.

Nous penserons, par exemple, que notre émoi provient
de ce qu'on a raconté devant nous la veille, une nouvelle

---

(1) Renouvier, *Psychologie rationnelle*, ch. XII.

effrayante — tandis que notre trouble est peut-être tout
simplement d'origine physiologique. De même, en proie
à quelque peur vague nous imaginerons devoir l'attribuer à telle lettre de menace reçue plusieurs mois auparavant et dont au fond, nous ne nous sommes jamais in-
quiétés — ou encore à ce que la veille, nous étions treize
à table ce qui, à la vérité, nous est fort égal.

On le voit, l'émotion (comme l'imagination) en raison
même de sa puissance risque de nous égarer. Les plus
puissants facteurs d'illusion ce seront, on le devine, le
plaisir et la *douleur*.

Tout paraît sombre à celui qui est triste et qui souf-
fre, il trouve affreux les plus beaux sites, il croit hos-
tiles ceux qui l'environnent, il ne reconnaît ni la dou-
ceur du climat, ni les charmes de tout ce qui l'entoure.
Et si, à notre humeur chagrine, nous ne savons pas
de cause précise, que n'imaginerons-nous pas ? Il nous
faudra à tout prix nous justifier devant notre raison et
nous verrons les mélancoliques se faire un devoir logique — si je peux m'exprimer ainsi — de croire que
leur état a pour cause une perte de fortune, par exemple ; puis, quand on leur aura démontré qu'il n'en est
rien, évoquer un échec et ce prétexte encore évincé,
essayer de croire que tout s'explique par la mort d'un
oncle, etc., etc. (1).

Et quand nous sommes de joyeuse humeur ne sommes-nous pas enclins à trouver toutes choses parfaites,
à croire que ce monde est le meilleur des mondes possibles ?

(1) « Voyez comme je tremble, dit une mélancolique, trem-
blerais-je ainsi si je n'avais pas commis de crime ? » (G. Dumas,
Les états intellectuels dans la mélancolie, thèse).

On sait le pouvoir déformateur de l'amour maternel. Essayez de faire croire à une mère que son enfant est laid. Racontez à une autre la vie peu édifiante de son fils chéri : tous les faits se déforment merveilleusement dans son esprit, elle trouvera touchant, admirable, tel fait honteux que vous lui rapporterez. Un jeune homme a-t-il des insuccès dans ses études ? le père est persuadé de l'injustice des maîtres, donnez-lui toutes les preuves possibles de l'inintelligence de son fils, jamais il n'y croira.

Et ces parents trouveront des arguments qui sembleront leur donner raison : à leur argumentation il n'y aura rien à reprendre. Cette ingéniosité du cœur à nous duper nous-mêmes a été bien mise à nu par les profonds psychologues qu'étaient les solitaires du Port Royal (1).

Et qui donc pourra persuader à un amant qu'il existe une femme plus belle que sa maîtresse ?

La *peur*, à son tour, prépare le terrain aux plus folles croyances : elle nous fera prendre les arbres de la route pour des brigands, elle nous fera accepter sans contrôle les récits les plus extravagants. Bain cite, à ce propos, le cas d'une armée qui, sous l'empire de la panique, crut les choses les plus invraisemblables sur la force et le nombre des ennemis.

La croyance aux revenants, si tenace chez les simples, est encore nourrie par la peur. Le voleur poursuivi croit au moindre bruit entendre les pas de ceux qui le recherchent (2).

(1) Cf. Nicole, *Les sophismes du cœur* ; de la connaissance de soi. *Essais*, I, 6.
(2) Leuret(*Fragments psychologiques*): « A celui que l'obscu-

Cette émotion est surtout puissante dans le jeune
âge alors que l'expérience manque pour en corriger les
effets. Aussi les sottes croyances que des domestiques
ou des gens ignorants cherchent à inculquer aux enfants
en leur « faisant peur », ont-elles les plus graves conséquences. L'enfant grandira, sa raison se fortifiera
mais longtemps — toute sa vie peut-être — il gardera
des peurs instinctives, irraisonnées, d'origine émotive
et nombre de phobies, dont se plaindront des adultes
névropathes, remonteront à une émotion trop forte dans
la première enfance.

Quant à la *jalousie*, que ne nous mettons-nous pas
en tête lorsqu'elle est une fois éveillée en nous ! le plus
insigniflant détail « des riens légers comme l'air » deviennent des preuves convaincantes. Nous croyons
avec une telle violence que nous arrivons à l'hallucination : nous voyons le coupable, nous entendons les
paroles traîtresses (1).

L'Othello de Shakespeare peut servir de modèle pour
cette analyse psychologique : Iago dépose en l'esprit du
héros les germes empoisonnés, mais il sait bien pourquoi sa diabolique entreprise réussira, il compte, pour
être cru du Maure, sur l'amour jaloux de celui-ci pour
Desdémona. Iago sait très bien que s'il disait à quelqu'un qui ne soit pas amoureux de la belle Vénitienne
(et par conséquent, ne puisse pas être jaloux) que Des-

---

rité effraie tout paraît un géant ; au criminel tout semble un
accusateur. »

(1) *Éthique*, partie III, propos. 35, Scholie. « C'est ce qui se
« rencontre le plus souvent dans l'amour qu'inspirent les
« femmes ; car celui qui se représente que la femme qu'il
« aime se prostitue à un autre, est saisi de tristesse..... »

démona trompe son mari avec Cassio, nul ne le croirait.
Emilia, par exemple, la femme d'Iago, repousse immédiatement les perfides insinuations de son mari. Mais
celui-ci s'est attaqué à Othello, à l'homme amoureux et
jaloux : dès les premières insinuations Iago s'applau-
dit, le Maure « roule les yeux, se ronge la lèvre ». « Je
vois que vous êtes ému, je me tais », dit Iago. Il le
peut, l'émotion d'Othello est si forte que bientôt elle va
amener une « attaque d'épilepsie ». Et désormais, il n'y
a plus qu'à attendre : la jalousie transformera pour
Othello, les moindres faits en des pièces à conviction.
Iago ne mentira pas quand, à la fin du drame, cherchant à se disculper, il affirmera que c'est la jalousie
d'Othello qui a tout fait : « je ne lui ai rien dit, ajoute-
t-il, que ce que lui-même a trouvé vrai et cru ».

Et Iago eût pu être bien moins habile, insinuer des
perfidies bien plus noires : Othello passionné et jaloux
eût tout cru.

Nous sommes portés à croire aisément ce que nous
souhaitons comme parfois aussi ce que nous craignons.
Un violent *désir* renverse tous les obstacles, masque
toutes les difficultés ; un jeune homme très épris croit
triompher sans peine de tout ce qui s'oppose à son mariage. Si nous nous intéressons de tout cœur à la réussite d'un ami, le jour de l'examen nous serons portés à
croire à son succès. Cette tendance est dangereuse, elle
introduit bien des erreurs dans nos jugements ; par
elle, nous déformons les faits pour les faire répondre à
notre désir et s'harmoniser avec nos théories favorites.
Si nous cherchons, par exemple, à établir une loi scientifique, quel accueil empressé nous ferons aux faits qui
sembleront la confirmer ! que d'expériences nous ten-

tons dans les laboratoires dont le résultat est déjà dé-
cidé à l'avance par notre désir de le voir tel ! *Quod vo-
lumus facile credimus.*

Pascal a démasqué notre involontaire supercherie
dans sa lettre au P. Noël : « Le grand dérèglement de
l'esprit, dit-il, c'est de croire les choses parce qu'on
veut qu'elles soient » et non, comme le demande Bossuet
« par ce qu'on a vu qu'elles sont ».

Un exemple frappant de cette loi psychologique,
c'est l'accueil différent que les hommes ont toujours
fait à l'hypothèse de l'Eternité du monde à *parte ante* ou
à *parte post.* C'est qu'au fond, peu nous importe qu'il
y ait eu création *ex nihilo* ou série infinie de créations
et de destructions — tandis que nous répugnons à
l'idée de l'anéantissement de notre monde et désirons
penser que l'humanité, à défaut de nous-mêmes, vivra
éternellement.

Parfois aussi, c'est l'inverse : certaines personnes
défiantes ou d'humeur chagrine sont portées à croire
que ce qu'elles craignent est précisément ce qui se réa-
lisera : « Ce serait si fâcheux que certainement cela
arrivera », telle est la formule usitée en pareil cas. La
visite qu'on s'attend à recevoir, c'est celle de l'importun
qu'on redoute — la déception sur laquelle on compte,
c'est celle qui serait la plus cruellement ressentie.

Cette différence entre des attitudes qu'on pourrait
appeler optimiste et pessimiste repose évidemment sur
des raisons toutes subjectives et on observe non seulement des variations individuelles mais, chez un même
individu, tantôt l'une, tantôt l'autre des deux tendances opposées, prédominera ! Il n'y a donc pas de loi
qu'on puisse poser d'une façon absolue, tout ce qu'on

peut dire c'est que la disposition à croire ce que l'on désire apparaît dans les états sthéniques, alors que la personnalité fortement constituée, semble vouloir agir sur les événements et leur imposer la direction qu'elle souhaite. Au contraire, la tendance pessimiste à croire ce que l'on redoute accompagne les états asthéniques ; elle témoigne d'une faiblesse de la volonté qui ne trouvant pas en elle la force de lutter, cède à la crainte et capitule, impuissante à combattre.

Nous en avons dit assez pour montrer l'immense action exercée par l'émotion sur la croyance. Nous comprenons dès lors ce fait qu'une même idée, chez un même individu, puisse être crue avec les intensités les plus variables sous l'influence d'une plus ou moins grande émotivité. Cela vaut surtout des vérités de la foi : les plus religieux n'ont qu'à de rares instants une croyance bien vivante et lorsque rien ne vient éveiller en eux d'émotions, ils se plaignent de ces « sécheresses de cœur » qui désolaient sainte Thérèse.

Nous parlions plus haut de la peur des revenants : mais, le même homme que la nuit elle affole, en rit le jour et ne croit pas le moins du monde aux sottes idées dont quelques heures après il ne pourra plus douter.

Pourtant on pourrait se demander si l'élément affectif est indispensable et alléguer des cas où il semble bien que notre croyance nous soit indifférente.

Il y a là une illusion à dissiper : si désintéressée qu'elle nous paraisse, notre croyance ne l'est jamais entièrement, toujours elle rencontre en nous quelque tendance qu'elle satisfait ou combat — ou bien elle en éveille en nous à mesure qu'elle se constitue. Car elle s'accompagne d'une émotivité propre, cette « émotion de croyance » dont parle Bagehot (1) et qui nous semble voisine du plaisir attaché à l'acte d'Aristote ; elle résulte en effet du sentiment d'une activité déployée c'est-à-dire d'une force. Elle s'accompagne de joie parce qu'elle est la conscience d'une puissance plus grande, parce qu'elle témoigne d'un état sthénique, d'une augmentation du Moi. — Dans les états de misère, de déchéance psychologique caractérisés par la tristesse, nous verrons la croyance s'affaiblir jusqu'à cette impuissance si curieuse qui constitue la « folie du doute ». Hume, on le sait, rangeait la croyance parmi les phénomènes affectifs ; d'autres auteurs ont classé la croyance parmi les « sentiments correspondant à de purs rapports (2) ». Enfin M. Bourdon (3) reconnaît l'existence d'un « plaisir » et d'une « douleur » de certitude.

Récemment, M. Vorbrodt (4) montrait le rapport intime de la croyance avec la jouissance. Il faisait même de la croyance une forme d'amour, s'appuyant sur la philologie et faisant dériver le mot croyance (Glaube) du mot amour (Liebe). Il y aurait équivalence entre les racines « lieb », « lov » en anglais et « laub »: le préfixe ge = Gelaube — marquant l'intensité et exprimant la force du sentiment.

Dans les cas pathologiques où l'émotion est devenue impossible — ou du moins très affaiblie — (dans certaines formes de mélancolie),la croyance n'arrive plus

---

(1) Bagehot, *Emotion of conviction*, Literary studies, I.
(2) Ch. Mercier, *Nervous system and mind*.
(3) Bourdon, De la certitude, *Rev. philos.*, 1890.
(4) Vorbrodt, *Psychologie des Glaubens*, 1895.

à se constituer. Mais déjà à l'état normal ne savons-nous pas combien il nous est difficile de croire à nos propres sentiments lorsque nous ne les éprouvons plus ? Un amant a peine à croire qu'il ait adoré une personne qu'il n'aime plus : impossible de douter pourtant, sa mémoire est fidèle, il a des souvenirs précis, des preuves palpables même ; mais en lui la « flamme » s'est éteinte, l'ancienne idole lui est aujourd'hui indifférente et comme il n'éprouve aucune émotion en se répétant qu'il a adoré telle femme, il ne parvient pas à le croire. C'est qu'en effet « nous ne sommes jamais « indifférents à ce que nous pensons. Parmi les quali-« tés toujours multiples d'un objet, il en est qui, par « de mystérieuses affinités, nous plaisent et nous atti-« rent davantage. Une sorte de choix s'accomplit ainsi « *guidé par des raisons subconscientes...* Notre esprit « ne ressemble pas à un miroir indifférent mais à une « plaque de verre que le chimiste rend sensible à cer-« taines couleurs et qui en reçoit l'empreinte à l'ex-« clusion de toutes les autres (1) ».

Nous sommes moins des êtres logiques que des êtres de passion, nous n'accueillons jamais une idée en « spectateurs désintéressés », mais dans toute croyance nous nous révélons partiaux en vertu de toutes les tendances, de tous les désirs qui s'agitent obscurs au fond de nous. Et cette importance de l'élément affectif sera capitale, car nos sentiments ont dans notre esprit des bases plus profondes que la pensée. « Ils sont ce qu'il « y a de plus profond en nous, l'expression immédiate « et permanente de notre organisation. Nos viscères,

(1) Brochard, *Les sceptiques grecs.*

« nos muscles, nos os, tout jusqu'aux éléments les plus
« intimes de notre corps contribuent à les former (1). »

Aussi les sceptiques s'illusionnaient-ils, quand ils
pensaient atteindre l'ataraxie par l'époque : l'époque
(la suspension du jugement) ne serait possible que par
l'adiaphorie (l'indifférence complète) qui jamais n'est
réalisée (2).

Cette dépendance de la croyance à l'égard du fond
inconscient de nous-mêmes que constituent nos tendances, nos désirs, nos besoins, nos habitudes organiques a été reconnu et signalé par tous. « Nos croyances
« écrit Maudsley, reposent pour la plupart sur des
« fondements auprès desquels la raison n'a pas d'accès,
« sur les sentiments, les intérêts, les désirs et elles
« changent sans raison quand le *substratum* des senti-
« ments dans lequel elles sont enracinées change lui-
« même (3). »

Pour Sully « c'est toute notre expérience passée avec
ses émotions dominantes qui contribue à constituer
notre équation personnelle de croyance (4) ». Certains
vont jusqu'à penser que « la croyance est si bien atta-
« chée aux sentiments et désirs du sujet qu'on pour-
« rait prévoir sûrement à quelles croyances s'arrêtera
« un homme si on connaissait toutes les conditions
« psychologiques dans lesquelles il se trouve à un
« moment donné (5) ».

(1) Ribot, *Les maladies de la mémoire*, p. 94.
(2) Ce rôle capital de l'émotion, sa priorité sur la connaissance nous expliquent encore pourquoi l'esprit scientifique
qui repose sur la froide observation des faits et exclut l'émotivité, n'apparaît que tard dans l'évolution des peuples.
(3) Maudsley, *Pathologie de l'esprit*.
(4) James Sully, *Illusions des sens et de l'esprit*.
(5) Brochard, *De l'erreur*.

N'est-ce pas parce que certaines vérités se rapportent à nos tendances fondamentales qu'elles sont crues si aisément ? « C'est parce que le pain satisfait la faim « que nous le croyons sans peine bon à manger, au « contraire la majorité des hommes restent sceptiques « quant à des vérités scientifiques qui ne se rappor- « tent pas à leurs tendances naturelles (1). »

Des conséquences en résultent qui sont capitales pour l'interprétation des croyances abstraites. On ne pourra développer en nous les tendances élevées (religieuses, scientifiques) qu'en les greffant sur des tendances grossières primitives. On donnera des gâteaux à un enfant pour lui faire apprendre sa leçon ; on a dû promettre aux hommes le séjour dans un Eden pour les porter à la vertu.

Mais ces sentiments, désirs, tendances qui constituent le fond obscur de notre moi, déterminent notre caractère de sorte que la croyance vient reposer, en dernière analyse, sur une base biologique, notre « caractère » défini comme « ce qu'il y a d'élémentaire dans « notre structure organique, dans la matière et dans « les fonctions de cette colonie d'organites qu'on nomme « un individu. La conscience n'éclaire presque jamais « ces profondeurs inconnues de nous-mêmes où plon- « gent cependant les racines de notre existence psy- « chique (2) ».

Rien ne sera plus instructif que les variations de la croyance en rapport avec cette physionomie psychologique de chacun ; rien n'est plus apte à détruire l'illu-

(1) Bourdon, op. cit.
(2) Soury, Les fonctions du cerveau, p. 141.

sion qui nous montrerait dans la croyance un simple fait logique, à en faire ressortir la part de subjectivité et à déceler dans toute croyance l'empreinte de la personnalité, la collaboration de tout le Moi.

CHAPITRE IV

Il est à peine besoin de dire que toute croyance implique des opérations intellectuelles ; sans doute cela ne suffit pas, nous avons vu la nécessité d'éléments affectifs et nous verrons bientôt que la croyance s'identifie presque avec la volonté — mais si nous repoussons la théorie intellectualiste et faisons de la croyance un fait extra-logique, encore n'y faut-il pas méconnaître la nécessité d'opérations intellectuelles.

Nous n'insisterons pas sur chacune d'elles parce qu'elles sont les conditions générales de toute connaissance et ne servent ainsi que médiatement à la croyance.

Faut-il insister sur la nécessité de la *Mémoire* ? Puisqu'elle n'est que le rappel des faits, les conditions de la présentation demeurent celles de la représentation. Il est évident que sans mémoire il ne peut y avoir de croyance : racontez à un individu tel événement de sa vie dont il a totalement perdu le souvenir, il n'y croira pas. Nous verrons, avec les amnésies continues, des cas où les faits ne s'enregistrant plus, l'individu n'a que des affirmations momentanées sans pouvoir exprimer une croyance digne de ce nom. Mais à supposer seulement que la mémoire soit affaiblie, les images imprécises, nous aurons des hésitations : ce seront les doutes liés aux diverses dysmnésies. Enfin, aux différentes perturbations de la mémoire se rattacheront des altérations correspondantes de la croyance que nous retrouverons sous les noms de folie du doute ou de « paramnésie de certitude » (1).

De la complexité de l'acte de croyance résulte qu'il implique le temps, un temps pendant lequel en seront retrouvés les divers éléments, qui demandent ainsi à avoir été conservés pour pouvoir revenir s'ajouter en une résultante totale. Il faut que la sensation laisse après elle l'image, il faut que celle-ci ne s'efface pas tout de suite afin qu'elle impressionne suffisamment le cerveau et que l'émotion puisse s'éveiller ; il faut enfin que cette émotion ne soit pas oubliée à l'heure où s'effectueront les opérations intellectuelles proprement dites : la comparaison, le jugement, car, nous l'avons vu, c'est l'émotion qui fera pencher la balance et entraînera la conviction.

Et maintenant si l'on réfléchit que l'acte de croyance est un acte très difficile — bien qu'en disent certains auteurs qui parlent d'une tendance si naturelle à croire que cette « fiance » serait l'état ordinaire et que le problème consisterait à expliquer comment nous ne croyons pas —, si l'on veut bien distinguer entre cette disposition et la croyance digne de ce nom, on verra que cette dernière ne pourrait se constituer sans la Mémoire. Car si nous avons une « fiance » naturelle, songeons que nous avons aussi une « défiance » naturelle, due aux déceptions innombrables où nous a conduits la

---

(1) Sollier, *Les troubles de la Mémoire.*

première. Tous et de très bonne heure nous sommes sceptiques de sorte que chaque idée nouvelle se heurte en nous à un courant contre lequel il lui faut lutter ; il lui faut vaincre la méfiance laissée en nous par une précédente erreur et pour soutenir cet assaut, il lui faut le souvenir de toutes les expériences passées susceptibles de la renforcer. On nous dira, par exemple, que telle plante est salutaire : nous douterons, nous savons par expérience que tant d'autres, également attrayantes, sont vénéneuses ! pourtant nous nous rappelons une lecture où étaient mentionnées les propriétés bienfaisantes de cette plante, nous nous rappelons avoir entendu vanter ses vertus et nous nous rappelons enfin avoir vu telle personne en manger les fruits impunément. Tous ces souvenirs plaident en faveur de l'assertion et nous *croyons* que cette plante est bienfaisante.

La mémoire est encore indispensable — et ici elle se confond avec l'*habitude* — pour assurer à l'idée le renfort du nombre : c'est un multiplicateur. Pourquoi croyons-nous si fort qu'après l'été viendra l'automne et après cela l'hiver ? — C'est que nous nous rappelons avoir toujours vu cette succession, autrement dit, c'est que nous avons l'habitude invétérée de la voir se reproduire.

Sur la force de cette habitude il est inutile d'insister : en y ramenant la causalité Hume a suffisamment montré sa puissance sur l'esprit (1) ; elle implante en nous graduellement les croyances, si bien qu'il faudra, pour les ébranler, une nouvelle habitude aussi prolongée que la première, mais dirigée en sens inverse.

(1) Hume, *Essai sur l'entendement*, 5 et 6.

Si on venait nous dire que notre vieux domestique qui depuis quarante-ans nous sert avec une honnêteté et un zèle parfaits, est voleur et infidèle, nous n'y croirions pas. A l'affirmation nouvelle nous opposerions nos expériences journalières qui depuis tant d'années accumulées ont réalisé une sommation contre laquelle une assertion isolée, demeure impuissante.

Rien n'est plus certifiant que l'habitude (1). De là le besoin que nous en avons, de là aussi le misonéisme, la crainte d'un dépaysement trop complet qui ferait de notre vie « un questionnaire au lieu d'un credo ».

Par l'habitude s'explique ce fait, que nous avons bien plus de croyances que nous ne savons en avoir. Tant que rien ne vient les contredire ou les mettre à l'épreuve, nous ne les sentons pas en nous, elles restent dans notre subconscience sans que nous nous les formulions à nous-mêmes. « Ainsi que nous ne saurions « dire si nous mettons d'abord chaque matin notre « soulier droit ou le gauche, ainsi nous avons des « croyances que nous ne saurions énoncer mais par « lesquelles nous agissons. »

C'est encore l'habitude qui, sous le nom d'hérédité, nous apporte, toutes faites, certaines croyances.

Plusieurs générations ont vécu dans la religion catholique, une habitude de plusieurs siècles a façonné leur pensée, leurs actes, conformément à cette foi tra-

_____

(1) « Les expériences répétées sont autant de sillons lumi-« neux, dont le concours empreint les idées plus fortement dans « l'imagination, la monte sur un plus haut ton, lui donne une « influence plus marquée sur les affections et les passions et « produit à la fin ce repos, cette sécurité qui constitue la na-« ture de la *Croyance* et de l'opinion » (Hume, *Essai*, VI).

ditionnelle, si bien que « le pli est pris » quand se développe le dernier né de cette famille. Tout enfant, il grandira dans une atmosphère imprégnée de catholicisme, ce qu'il entendra, ce qu'il observera, tout portera la même empreinte : il ne lui sera donné de voir toutes choses que sous l'angle de la foi catholique. Quoi d'étonnant dès lors, si la croyance de ce jeune homme reste celle de ses pères ? Il a été mis sur une route, il a vu tous ceux qu'il aimait marcher sur cette route : ce jeune homme a suivi la direction imprimée, il a prolongé la croyance héréditaire.

Prenons encore le descendant d'une famille royaliste : il aura été bercé avec les récits du dévouement de ses ancêtres à leur souverain, il aura grandi au milieu d'objets familiers qui se rattachaient à quelque souvenir de l'histoire monarchique ; enfin sa mère l'aura fait pleurer en lui racontant la mort de son grand-père sur l'échafaud, pendant la Terreur ; ce jeune homme verra de plus son père engagé dans la carrière politique pour la défense de ce qu'il appelle la « bonne cause » : les croyances politiques de ce jeune homme ne sont-elles pas tracées à l'avance ? C'est là le principe de la tradition et qui ne voit qu'il rend compte de presque toutes nos croyances ?

Le symbolisme, si important pour la croyance, repose tout entier sur l'*association*, sur cette loi en vertu de laquelle un objet incapable de nous « frapper » par lui-même pourra nous devenir sensible par le fait de son association avec un autre. C'est ce que Hume a si bien montré (1). Les reliques nous

(1) *Traité de la nature humaine*, liv. I.

4.

rendent les Saints vivants : un homme qui a vu la Palestine et garde l'image nette de certains lieux, croit plus fermement aux miracles qui s'y sont passés. C'est grâce à une association par ressemblance, comme le remarque W. James, qu'une photographie nous rend un instant présente une personne que nous avions presqu'oubliée. Le langage tout entier repose sur l'association indissoluble de chacune de nos images mentales avec un mot qui en est le symbole. Une idée abstraite sera donc d'autant plus puissante, agira d'autant plus sur notre esprit, qu'elle aura, pour s'exprimer, plus de symboles, c'est-à-dire qu'elle pourra s'associer avec plus de signes extérieurs : mots, gestes, images visuelles, sensations de tous ordres.

Mémoire, habitude, association (car ce sont trois formes d'un même mécanisme) produisent en nous des *tendances* qui vont jouer un rôle important dans la croyance. Plus la répétition aura été fréquente, plus la tendance aura de force et plus la croyance sera rapide.

Nous aurons vu, je suppose, de nombreux exemples de fils d'alcooliques devenus à leur tour des ivrognes ; si l'on vient nous dire que tel individu (dont le père nous est connu comme alcoolique) s'adonne à la boisson, nous le croirons sans hésiter. Pourquoi, demande Bain, à la vue d'un ruisseau, croyons-nous que nous y pourrons apaiser notre soif ? C'est en raison du souvenir d'expériences passées, des nombreuses fois où nous nous sommes désaltérés à un ruisseau et en raison de l'association qui s'est établie entre la vue d'un cours d'eau et l'idée de notre soif apaisée (1). Car nous som-

_____

(1) Bain, *Emotions and the will* (Belief).

mes portés à généraliser, à distribuer les faits en quelques grandes classes et à faire rentrer autant que possible les nouveaux dans des « cadres » (1) déjà préexistants. Ainsi s'établit entre nos croyances isolées une cohésion qui les constitue en un corps puissant. « Certains éléments ont le pouvoir de conférer à l'en-« semble une structure définie, ces éléments sont con-« nus sous le nom de théories, hypothèses, générali-« sations et forment des explications en général. Ils « représentent les croyances qui ont pour mission de « coordonner les autres croyances, ils fournissent la « trame pour le tissu du reste de la connaissance. Sans « leur aide la raison s'en irait à la dérive... Ces formu-« les donnent de la précision à ce qui serait indéter-« miné, une stabilité relative à ce qui serait flottant : « les idées nouvelles proposées à notre croyance seront « dès lors tordues de toutes les façons pour être intro-« duites dans les niches construites pour elles, celles « qui seraient trop réfractaires sont détruites et négli-« gées (2). »

La croyance implique donc elle aussi, « l'établisse-« ment entre les émotions éparses de certaines associa-« tions dynamiques qui par répétition deviennent « aussi stables que les connexions anatomiques primi-« tives (3) ».

Voilà donc la cohésion introduite au sein de nos idées, elles tendent à s'associer suivant leurs affinités de nature, à s'organiser en systèmes dont la stabilité offre prise à notre croyance. De cette tendance à saisir

(1) Hirth, *Pourquoi sommes-nous distraits ?* trad. Arréat.
(2) Balfour, *Les bases de la croyance*, trad. française.
(3) Ribot, *Les maladies de la mémoire*, p. 16.

les rapports, à généraliser, résulte une coordination croissante des phénomènes et, par suite, leur nombre se réduit, ce qui simplifie le travail proposé à notre croyance. Ces associations se font, d'ailleurs, suivant les deux lois : 1° de systématisation (par laquelle une idée tend à s'associer et à susciter les éléments qui peuvent s'unir à elle pour une fin commune) ; 2° loi d'inhibition systématisée (par laquelle un fait psychologique tend à empêcher de se produire ou à faire disparaître les éléments qui ne sont pas susceptibles de s'unir à lui pour une fin commune) (1).

Ainsi tout nouveau fait à croire est mis successivement en relation avec un grand nombre de tendances qui essaient de se l'assimiler, l'éprouvent pour voir s'il peut « entrer comme élément dans un système coordonné dont elles font partie ».

Tel est le mécanisme de ce que nous appellerons la *croyance automatique* : elle semble adhérer à la sensation ou à son substitut, l'image, quand celle-ci est assez intense ; elle se constitue sous l'influence d'émotions et à l'aide de ces tendances héréditaires ou organiques qui constituent notre équation personnelle physio-psychologique. Elle implique enfin l'activité élémentaire de l'intelligence : la mémoire, l'habitude et l'association. Mais jusqu'ici notre croyance n'est pas encore vraiment personnelle, nous la subissons, imposée à nous soit par le fonctionnement automatique des centres médullaires et cérébraux inférieurs — soit par la tradition, l'habitude, c'est-à-dire par ce que M. Balfour appelle l' « autorité ». Nous n'avons encore que cette

(1) Cf. Paulhan, *L'activité mentale et les éléments de l'esprit.*

croyance « fille de l'habitude et non de la raison », de l'auteur. Nous allons voir que cela ne suffit pas encore et qu'il faut dans toute croyance personnelle faire la part aux opérations supérieures de l'esprit, à son activité volontaire.

N'oublions pas cependant, que cette croyance automatique remplit presque toute notre vie ; ce n'est qu'à de rares moments que nous la dépassons pour nous élever jusqu'à la croyance personnelle. Et n'est-il pas nécessaire qu'il en soit ainsi ? l'activité humaine pourrait-elle être sans cesse créatrice et remettre sans cesse tout en question (1) ? La pensée humaine serait ainsi condamnée à un continuel piétinement sur place sans jamais avancer. Tout progrès implique que ce qui est en deçà du point de départ soit admis : il faut un point d'appui ferme sur le passé pour marcher vers l'avenir et ainsi la « fiance » devient la condition même de la croyance personnelle.

(1) « Je suppose qu'on doit accepter certaines choses de con-
« fiance ; la vie n'est pas assez longue pour qu'on puisse ré-
« duire toutes choses en propositions d'Euclide avant d'y
« croire » (T. Hardy, *Jude the obscure*, p. 189). Cf. également
Carlyle (*Past and Present*, p. 140) : « L'employé ne peut pas
« passer sa journée à vérifier son barême, il doit le tenir pour
« vérifié et pour juste. »

CHAPITRE V

Si l'activité automatique que nous avons étudiée jusqu'ici constituait toute la croyance, on pourrait dire que les animaux croient. Et en un sens cela est vrai. On a le droit de dire que le chien battu *croit* avoir reçu des coups, la preuve c'est qu'il réagit par ses cris et s'en va l'oreille basse ; on peut dire aussi que la fourmi *croit* qu'après l'été viendra l'hiver, puisqu'elle amasse des provisions pour la mauvaise saison et le chat *croit* qu'on change de logis, que sa première demeure était située à tel endroit puisqu'il y revient, guidé par une mémoire sûre.

Pourtant nous ne dirons pas qu'il y ait en ces cas croyance digne de ce nom, nous parlerons de réflexes et d'instincts (1). De même, dans les cas que nous avons étudiés jusqu'ici chez l'homme, sans doute des croyances *implicites* étaient requises, mais nous n'avons pas encore atteint ce stade où la croyance est *explicite*, ce

(1) M. Paulhan, qui assimile l'imitation à l'habitude et l'invention à l'acte volontaire, remarque très justement que les animaux n'inventent pas parce qu'ils ne peuvent dépasser la routine de l'imitation, pour la même raison ils n'ont que la croyance automatique, impuissants à élaborer la croyance personnelle (*Rev. philos.*, 1898).

stade où, à l'activité automatique une activité personnelle se surajoute qui nous permet de dire : « Je
crois ».

Voyons donc en quoi consistera cette forme supérieure d'activité personnelle.

Tant qu'il n'y a pas conflit entre plusieurs de nos
idées, notre croyance demeure automatique, mais il en
va bien rarement ainsi — heureusement, d'ailleurs, sans
quoi ce serait l'immobilité, l'impossibilité pour notre
croyance de s'enrichir et de progresser.

Mais un fait ne se reproduit jamais dans des conditions absolument identiques, nos formules « créées
surtout pour justifier les croyances préexistantes » ne
peuvent rendre raison des faits nouveaux sans se modifier quelque peu : certains de leurs éléments sont
éliminés, elles s'élargissent pour faire place à d'autres.
Ainsi se forme une nouvelle théorie, car la mort est un
élément aussi nécessaire dans le monde intellectuel
que dans le monde organique.

Pour que se constituent ces synthèses nouvelles qui
assurent l'enrichissement de notre croyance et son
progrès continu, il faut dépasser les opérations élémentaires et *positives* de l'esprit : la mémoire, l'habitude, l'association.

Que faudra-t-il donc ? Il faudra une activité *négative*
de l'esprit, un travail d'inhibition.

Devant les faits nouveaux qui contredisent aux an-
ciens il faut savoir oublier ; il faut surpasser la fatalité
des associations organisées pour que puissent se constituer des associations nouvelles. Par cette activité négative il faut que l'esprit repousse en même temps
qu'il accueille, il lui faut choisir et la croyance sera

plus qu'un réflexe, elle devra être une réaction. Cette sélection s'effectue par l'attention ou l'apperception — la « préperception » de Lewes — laquelle constitue l'activité primitive de la Volonté.

Tous les phénomènes qui se déroulent devant l'intelligence ne sont pas crus, cependant ils lui sont apportés par un même processus centripète : c'est donc l'accueil, le processus centrifuge qui doit différer et impliquer de notre part une élection.

A proprement parler, la croyance ne commence qu'avec la réflexion c'est-à-dire après un arrêt ; c'est là ce qui différencie l'homme normal de l'aliéné qui n'a pas de frein à opposer aux données en face desquelles il se trouve et dont les facultés entrent en jeu au gré des choses qui viennent le solliciter.

La première condition pour qu'une idée en conflit avec d'autres réussisse à se faire croire, c'est qu'elle vienne occuper devant l'esprit une position d'où elle puisse accaparer son attention. Il faut qu'elle soit amenée au point de l'apperception, c'est-à-dire à cette sorte de « tache jaune » de l'esprit où elle se trouvera en pleine lumière. Or, ce qui rend cela possible, c'est déjà un acte de volonté rudimentaire.

Car cette intervention de l'attention volontaire a lieu dès la perception sensible et c'est le mérite de Duns Scot d'avoir entrevu le premier la part de la volonté dans la connaissance. Il a fort bien montré que nos représentations, telles qu'elles nous sont d'abord données (*cogitatio prima*) ne forment qu'un tout confus et que, seules, celles-là deviennent claires sur lesquelles la volonté porte son attention. Et déjà Duns Scot avait vu que par cette intervention de l'attention volontaire, l'intensité des représentations par elle élues s'accroit tandis que celle des autres s'affaiblit (1).

Sur ce point Duns Scot ne fut que le devancier de Descartes.

On sait quelle importance ce philosophe attachait à l'attention. Elle rend l'idée *claire* et « d'une grande clarté suit une grande inclination en la volonté ».

Ainsi que lui, Bossuet nous faisait responsables de nos erreurs, les attribuant à ce que nous n'apportons pas l'attention nécessaire à l'objet qu'il s'agit de juger (2).

C'est la théorie cartésienne de l'erreur volontaire qui établit ainsi la part de la volonté dans les opérations intellectuelles ouvrant déjà la voie où devaient s'engager les théories modernes.

C'est encore au manque d'attention qu'il faut demander raison de tant de croyances erronées : Max Nordau fait découler le mysticisme d'une incapacité de réfréner l'association par l'attention (3). La crédulité qui résulte d'une pareille faiblesse s'observe surtout dans le rêve : « Elle est due, dit Guyau, à ce que l'attention étant endormie toute idée qui se présente occupe seule la scène (4). » « Nous croyons si facilement à nos rêves, dit James Sully, parce que l'attention est alors détournée de ce qui l'occupait pendant la veille. » Ce qui caractérise en effet le sommeil, c'est que l'attention cesse d'y être dirigée par la volonté, « elle se détend et cède

---

(1) Cf. W. Kahl, « Die Lehre vom Primat des Willens bei Augustin, Scotus, Cartesius ».
(2) Bossuet, *Traité de la connaissance de Dieu et de soi-même*, ch. XI.
(3) Nordau, *Dégénérescence*.
(4) Guyau, *Genèse de l'idée de temps*.

5

à la force de l'imagination qui est abandonnée à son libre jeu (1) ».

Il nous faut distinguer entre l'attention *passive* et l'attention *active*. Celle-ci constituera un perfectionnement mais l'autre présuppose, à titre de conditions, les éléments que nous connaissons et elle entre spontanément en jeu sur leur sollicitation.

Nous avons vu, en effet, qu'une sensation ou une image très intense venait appeler l'attention et tendait à accaparer la conscience. Une émotion violente opère le même détournement à son profit : dans ces cas l'attention est sollicitée par des faits extérieurs qui la concentrent sur eux et ont ainsi seuls accès dans notre conscience parce qu'ils évincent les concurrents, parce qu'ils sont les plus forts dans la lutte pour la vie consciente.

De même nos désirs, intérêts, habitudes constituent une pente naturelle pour l'attention et la sélection s'opère encore involontairement. Soit un malade qui entreprend un grand voyage dans le but de consulter à Paris un médecin duquel il espère sa guérison : tous les incidents du trajet, les villes qu'il traverse, tout cela n'existe pas pour lui, le malade n'y aura pas fait attention — et il n'y aura pas fait attention parce que cela n'était pas dans la ligne de son intérêt ; au contraire, les moindres gestes du médecin, chacune de ses paroles seront remarqués et retenus parce que cela a rapport au désir prédominant du malade.

Les objets capables de monopoliser notre attention en éveillant en nous un intérêt seront d'autant plus nombreux que l'individu sera plus développé.

(1) J. Sully, *Illusions des sens et de l'esprit.*

Le sauvage et l'enfant ne sont guère attentifs qu'à ce qui répond à leurs tendances organiques, à leurs besoins physiques, mais à mesure que nous les acquérons, nos connaissances engendrent en nous des habitudes d'où résulteront des besoins, de sorte que le progrès de l'individu a pour effet de multiplier pour lui, le nombre des objets auxquels il pourra être attentif. C'est ainsi qu'un homme cultivé trouvera tant d'intérêt à une lecture qu'il en sera captivé : rien d'autre n'aura accès dans sa conscience, il n'entendra pas l'heure sonner, ne verra pas une personne entrer dans la chambre. Il pourra même oublier ses préoccupations ordinaires : « Je n'ai jamais eu de chagrin qu'une heure de lecture n'ait consolé » disait Montesquieu. Pourtant le fait est rare ; nous avons dit, en effet, que nos sentiments étaient ce qu'il y avait de plus profondément enraciné en nous ; dans l'ordre de l'évolution, ils sont déjà organisés avant que les intérêts intellectuels ne soient éveillés, ils sont donc plus puissants parce qu'implantés plus avant et l'on peut conclure, dans le cas de Montesquieu, que le lecteur ne devait pas être susceptible de grands chagrins.

On sait que Pascal oubliait des douleurs terribles en cherchant des problèmes ardus : le mal était non existant, faute, pour le sentir, de cette attention alors toute requise par la passion mathématique. Ampère perdait le sens des événements réels quand il traçait ses équations sur le drap d'une bière qu'il prenait pour un tableau noir. C'est là le mécanisme de la *distraction* : tous ceux qui ont une passion dominante sont « distraits » à tout le reste mais ils sont « distraits » parce qu'attentifs à un objet unique.

Quant à l'habitude, elle spécialise notre attention. En veut-on un exemple amusant ? Qu'on interroge une couturière au retour d'une grande cérémonie à laquelle elle aura assisté : elle décrira quantité de toilettes avec une précision surprenante, nous admirerons sa mémoire et penserons qu'elle peut nous renseigner aussi amplement sur d'autres points.

Cependant (s'il s'agit d'un grand mariage) cette couturière ne sait pas si le temple était décoré, elle ne saurait dire si la mariée était jolie, elle n'est pas même certaine qu'il y ait eu des chants !

Son attention a donc pris une direction exclusive, celle imprimée par l'habitude et cette femme est réduite à des connaissances spécialisées.

Essayons maintenant de concentrer notre attention sur un fait qui soit en désharmonie avec notre émotion du moment, tâchons par exemple, au milieu d'un bal où nous nous amusons, de songer qu'un jour nous mourrons. Nous n'arriverons pas à réaliser cette idée ; sous les mots, nous n'étreindrons jamais une croyance vivante parce que la pensée de notre mort impliquerait des images et des émotions allant en sens contraire de celles qu'elle rencontre en ce moment en nous.

Mais ne sommes-nous que passifs ? ne pouvons-nous rien pour notre attention et par elle pour notre croyance ? Nous touchons là au problème ultime de la psychologie, celui de l'origine et de l'essence de notre volonté. Nous ne l'aborderons pas car c'est une question métaphysique et par conséquent limite du champ que nous avons entrepris d'explorer : c'est la question de la liberté et du déterminisme, du matérialisme et du spiritualisme.

La volonté est-elle *causa sui* ? Si l'on peut tout ce qu'on veut, peut-on vouloir ce qu'on veut ?

Devant le grand X fondamental, que chacun réponde comme il l'entendra. En un sens relatif, du moins, le problème est soluble car il est certain que notre attention n'est pas toujours sous la seule dépendance des faits extérieurs et qu'elle pourra suivre une direction imprimée par nous-mêmes — que notre volonté soit d'ailleurs cause absolue ou elle-même déterminée.

Il est en notre pouvoir de diriger notre attention sur un objet ou de l'en détourner : c'est là le grand principe que Pascal formule en disant que « la volontéest un des organes essentiels de la créance » (1).

Si nous traduisons la *volonté* de Pascal par l'attention volontaire, cette pensée, admirable dans sa concision, vient résumer tout ce que nous avons à dire de la croyance volontaire. Ce que nous pourrons ajouter ne sera qu'un commentaire aux lignes de Pascal : « Non « pas, dit-il, que la volonté forme la créance ; mais « parce que les choses sont vraies ou fausses selon la « face où on les regarde. La volonté qui se plaît à « l'une plus qu'à l'autre détourne l'esprit de compren- « dre les qualités de celles qu'elle n'aime pas voir : et « ainsi l'esprit marchant d'une pièce avec la volonté, « s'arrête à regarder la face qu'elle aime et ainsi il en « juge parce qu'il en voit. »

Par quel mécanisme en effet, l'attention volontairement dirigée, l'attention *active* amène-t-elle la croyance ?

_____

(1) *Pensées*, art. III, X.

Elle est un *arrêt* : elle se saisit d'un phénomène
choisi et le retient sous son joug. Il est préféré par
elle, elle lui donne plus qu'aux autres, mais comme
elle n'ajoute rien à nos forces totales, il en résulte cette
première conséquence que plus l'attention ajoute d'un
côté plus elle supprime de l'autre et que les phénomènes
concomitants seront non avenus ; toute l'aperception
portera sur un seul fait, de sorte que celui-ci s'imposera
déjà à notre croyance grâce à l'*inhibition* des compé-
titeurs ou des contradicteurs. Il en résulte cette autre
conséquence que le phénomène privilégié est intensifié,
parce qu'il bénéficie des efforts d'attention disséminés
d'ordinaire sur les phénomènes simultanés ou conti-
gus.

L'attention réalise donc deux conditions que nous
avons vues nécessaires dès la croyance sensationnelle :
intensité et netteté ; elle place sur son objet un verre
grossissant. Faisons une expérience : prions quelqu'un
d'effleurer légèrement notre main pendant que nous
causerons, nous ne sentirons pas l'attouchement. Mais
si nous prions la personne de nous prévenir avant
d'opérer et si nous « faisons attention » afin de saisir
l'instant où elle nous touchera, le même contact qui
tout à l'heure passait inaperçu sera senti. Que de fois
nous cherchons à distinguer un objet très petit ou éloi-
gné, un bateau à l'horizon, par exemple, et ne pouvons
le voir ! Si nous persistons, si nous faisons des efforts
d'attention, voilà que peu à peu nous distinguons un
point noir, puis cela devient plus net et enfin nous
pouvons reconnaître un bateau.

Que s'est-il produit ? Nous avons fait attention, c'est-
à-dire concentré sur un fait notre force de perception.

Notre vue n'est pas subitement devenue plus perçante ; cependant les effets sont les mêmes parce que sur un point se sont trouvés réunis, unifiés, des efforts de vision auparavant dispersés sur les objets environnants.

Cette convergence, cette centralisation c'est l'attention qui la réalise. Par la netteté qu'elle aura donnée à la perception, l'attention contribuera, en outre, à graver les objets dans la mémoire, fortifiant, ainsi encore, la croyance.

Cet arrêt qui constitue l'attention a un troisième résultat qui, négligeable pour la croyance perceptionnelle, est capital pour les croyances abstraites : il permet au phénomène de se développer.

C'est ce qu'on exprime d'ordinaire en disant que l'attention prolonge le séjour d'un fait psychologique dans la conscience. L'expression, pourtant, nous semble inexacte, due à cette tendance qui nous fait traduire dans un temps étendu des différences d'intensité. Le séjour dans la conscience, du phénomène sur lequel porte l'attention, n'est pas toujours mathématiquement plus long : il est d'autre sorte, il est tel qu'il permette à la conscience de pénétrer plus avant dans la complexité du phénomène et d'en saisir dans un même acte d'apperception les diverses assises.

Nous avons vu, en effet, qu'un objet est toujours un composé dont l'expérience nous fournit les éléments associés de sorte que, pour pouvoir satisfaire à notre multiple travail mental, nous percevons, non pas chacun des éléments qui forment l'objet mais tel de ses aspects qui nous devient symbole du tout.

Un livre, par exemple, n'est perçu d'ordinaire (surtout par l'homme d'études habitué à manier des volu-

mes) que sous forme d'un solide rectangulaire. Et cela
suffit, c'est un symbole représentatif d'autres propriétés
(grandeur, couleur, nombre des pages, contenu, etc.) ;
mais d'ordinaire nous n'avons pas besoin de réaliser
isolément chacune de ces propriétés, notre activité
mentale, suivant la ligne du moindre effort, nous nous
servons du symbole comme d'un signe, sans le développer.

Mais si, pour une raison quelconque, nous fixons
notre attention sur ce livre, il y a alors arrêt — ou
mieux convergence — sur un même objet, direction
unique des efforts ayant pour effet le développement du
tout en ses éléments.

Le langage nous est le meilleur exemple d'un pareil
procédé : jamais, dans la conversation quotidienne, les
mots ne sont développés, mais supposons que volontairement nous choisissions un mot pour en faire l'objet
de nos réflexions, combien le contenu nous en apparaît complexe !

Sous le mot « chien », par exemple, nous trouvons
le concept de mammifère, celui de quadrupède, nous
voyons une queue qui remue, une fourrure bigarrée,
les longues oreilles d'un épagneul — ou bien nous pensons au compagnon de chasse, au fidèle gardien, etc.

L'effet d'un pareil développement, on le devine : par
lui l'objet perçu confusément, le mot lu distraitement
prennent de la réalité parce qu'ils trouvent des points
de contact multiples avec nous-mêmes ; ils nous deviennent d'autant plus vivants qu'ils ont plus d'éléments
par où ils nous peuvent affecter, chaque nouvel aspect
que l'attention discerne est une nouvelle sollicitation
pour notre croyance.

Jusqu'à quel point l'attention s'identifie avec la croyance, nous le verrons surtout par l'étude des hystériques : si pendant le sommeil hypnotique, alors que leur esprit déjà rétréci n'est distrait par rien, on les prie de faire attention à un objet imaginaire, ces malades arrivent à le croire réel, ils développent, en effet, le mot prononcé, ils reconstituent, par exemple, le chien qu'on leur a suggéré de voir.Comment la croyance pourrait-elle n'être pas tenue pour identique à l'attention si à force d'être attentif à un objet imaginaire de couleur verte on obtient l' « after-image » qu'eût laissé l'objet réel et si la couleur rouge, complémentaire, apparaît ?

On peut donc penser avec W. James que « la meilleure formule serait peut-être que l'attention et la croyance sont un seul et même fait » (1).

Un dernier problème se pose et c'est par lui que nous voudrions terminer : suffira-t-il donc d'être attentif à une chose choisie arbitrairement pour croire à cette chose ?

Nous avons suffisamment analysé déjà l'acte de croyance pour être autorisé à poser cette grande loi : Telle personne ne peut être attentive qu'à telles choses et à celles-ci exclusivement.

En effet, il y a pour chacun de nous des symboles qui resteront toujours morts, des systèmes que nous ne pourrons pas développer parce que notre expérience et nos connaissances sont limitées et qu'il y a tels éléments de ces systèmes qui nous sont étrangers.

Prononcez devant une personne ignorante le mot

_____

(1) *Psychology*, t. II, p. 322.

« cinématographe » et priez-la d'y faire attention : son attention ne se maintiendra pas longtemps parce que le mot n'étant pas compris n'éveillera rien en cette personne.

De même, inversement on sait que les étudiants en médecine quand ils lisent avec attention la description d'une maladie croient aussitôt en être atteints ; il est de règle qu'après avoir étudié la tuberculose on se croit poitrinaire, etc. (1).

Pourquoi cela ? c'est que la description détaillée trouvée dans les ouvrages, réalise ce développement dont nous parlions tout à l'heure. La simple nomenclature des maladies n'eût pas suffi pour faire croire à un individu qu'il était tuberculeux, plutôt que cardiaque ou arthritique, son esprit eût passé outre :

Mais voilà qu'en lui « développe » le mot tuberculose, on lui décrit des prodromes, on lui montre des symptômes, on lui met pour ainsi dire la maladie en scène, on lui en donne une représentation. Alors le mot prend vie : ce n'est plus un simple terme médical, une simple sensation auditive : des images surgissent, si nettes qu'elles s'imposent, éveillent les émotions en rapport avec elles (pitié, crainte) : la maladie devient réelle si bien que l'étudiant croit la vivre.

Mais mettons un traité de médecine entre les mains de la personne ignorante dont nous parlions tout à l'heure et prions-la d'étudier attentivement la tuberculose, jamais cette personne ne pensera en être atteinte.

(1) On raconte que ce phénomène se produisit d'une manière remarquable chez un élève de Boerhave qui fut obligé, pour cela, de renoncer à la médecine (in Hartumun, *de l'Inconscient*).

Pourquoi cela ? parce que les mots qu'elle a lus n'ont pas été assez compris, partant ils ont éveillé trop peu d'images et des images trop peu nettes, impuissantes à susciter des émotions, n'allant dans le sens d'aucun intérêt, d'aucune tendance. Le profane ne croira donc pas comme l'initié — pas plus, d'ailleurs, qu'il ne pourra apporter la même attention à sa lecture.

L'attention comme la croyance peuvent donc être volontaires, elles seront comme telles légitimes et efficaces — mais elles n'auront chance de réussite, elles ne seront viables que si elles opèrent avec les données de l'attention passive — ou de la croyance automatique. A la question de savoir si nous pouvons croire ce que nous voulons et en quel sens il faut entendre ce vouloir, nous répondons ceci : que nous *pouvons volontairement nous exposer à la croyance passive*. Si nous ne pouvons pas créer de toutes pièces, s'il faut des éléments déjà vivants pour que notre attention se soutienne, nous pouvons, du moins, par une sorte de gymnastique appropriée nous mettre en état d'être attentifs à telle chose et, partant, d'y croire. C'est le principe de la foi volontairement acquise et nous verrons, en parlant de la croyance religieuse, qu'elle est parfaitement légitime.

Le problème insoluble et dernier réapparaît d'ailleurs toujours, car *pour quelles raisons chacun vaudra-t-il* se mettre en état de réceptivité à certaines croyances et pas à telles autres ? La croyance est volontaire en ce sens qu'elle peut suivre la voie centrifuge comme la centripète — à une condition essentielle, c'est que la volition partie des centres supérieurs de l'idéation trouve le long de son chemin, échelonnés dans les centres inférieurs, des éléments qu'elle puisse s'assimiler et par lesquels elle se puisse constituer. Sans ces éléments (sensations, images, émotions, tendances, habitudes) l'idée n'est qu'une statue sans vie : par eux, comme Galatée, elle devient vivante, c'est-à-dire susceptible d'entraîner la croyance.

Qu'est-ce à dire ? Sinon que la volonté active, personnelle, vient seulement couronner, comme son dernier perfectionnement, un processus dont nous avons suivi les étapes et qui, à divers degrés, peut être dit partout volontaire ou partout réflexe.

Au lieu d'exclure la volonté de la croyance, comme quelques-uns l'ont fait (1), il est plus juste de la rétablir où beaucoup ne pensent pas à la chercher.

L'erreur des premiers vient de ce qu'ils n'ont envisagé que la volonté personnelle — mais quelle petite place celle-ci occupe dans notre vie où, au contraire, la volonté spontanée est partout, de la perception à l'attention ?

Le grand changement moderne consiste justement en ce que l'étude de la croyance, faite jadis du point de vue statique de l'entendement, est entrevue comme devant être faite du point de vue dynamique de la volonté.

(1) Cf. Rabier, *Psychologie*, t. II.

CHAPITRE VI

Une des conséquences de la nature complexe de l'acte de croyance, c'est qu'il exige, parmi ses conditions de production, un certain espace de temps. C'est là un fait qui, bien constaté et bien interprété, devrait suffire pour nous permettre de rejeter de suite toute théorie intellectualiste. Car, sans doute, les phénomènes intellectuels exigent quelque temps pour se produire et il y a bien des années que Wundt (1) et d'autres ont étudié, mesuré même le temps de réaction nécessaire à la plus simple perception ; — mais nous verrons qu'il n'y a pas de comparaison à établir entre la quasi-instantanéité de cette « durée de l'aperception » et le temps, souvent très long, qu'exige pour se réaliser, la croyance.

Nous savons qu'il y a déjà un temps physiologique et une vitesse calculable de l'agent nerveux. Déjà la *sensation* exige un temps de transmission infinitésimal, mais pourtant calculé, et nous savons même qu'à ce point de vue il n'y a pas d'égalité entre les sensations (celles de l'ouïe, par exemple, l'emportent en rapidité sur celles de la vue). La sensation brute implique donc

(1) *Grundz. der Physio-Psychol.*, XVII.

le premier degré, la forme élémentaire de ce que j'appellerai le *temps opératoire*. Cependant il n'y a pas encore là de phénomène à proprement parler intellectuel et la perception ne suit la sensation ni forcément ni instantanément. C'est ce que met en lumière le cas où il s'agit, non plus de sensations élémentaires, mais de celles, plus complexes, de *douleur*. On a souvent montré, en ces dernières années, qu'il y a un temps de réaction à la douleur, temps souvent appréciable (1). Le cas le plus frappant, c'est celui de ces enfants qui tombent, se blessent et ne crient pas tout de suite.

Un fait bien caractéristique à ce sujet est celui d'une jeune fille qui, venant à apercevoir son doigt brûlé, remarque : « Tiens, je ne savais pas m'être fait si mal ! » La vue lui avait révélé ce qu'elle devait ne sentir que quelques secondes plus tard. On a pu prouver que dans une opération chirurgicale nous percevons la douleur un peu après le contact de l'instrument et si l'action du chloroforme ne se prolongeait pas au delà de l'instant mathématique où a lieu le coup de bistouri, nous ne serions pas garantis contre la douleur et nous la percevrions après l'opération qui l'a produite. Comme l'a dit M. Ribot, « la douleur vient graduellement et résulte d'une sommation ».

· Les choses déjà se compliquent : c'est le second degré de ce que j'ai appelé le « temps opératoire » — *temps de sommation* ou de transmission centrale.

Quant aux opérations intellectuelles proprement dites, rappelons que les plus simples exigent un certain temps (nous renvoyons aux expériences de Kries,

(1) Richet, *Thèse sur la sensibilité* ; Ribot, *Psychol. des sentiments*, p. 36.

Auerbach, etc.). Après avoir constaté que l'acte de discernement exige un certain temps, on pourrait être tenté d'envisager la croyance simplement comme une opération intellectuelle supérieure et se borner à lui accorder un temps de perception un peu allongé. Cependant l'observation psychologique montrera qu'il ne s'agit pas d'une simple augmentation mais d'un accroissement dans d'énormes proportions, dû à ce que d'autres facteurs interviennent : c'est ici le troisième degré de complication, le *temps de croyance* ou de *synthèse totale*. (On pourrait le rapprocher du « temps de volonté » de Wundt, dire de lui aussi qu'il implique un « temps physiologique » et un « temps psychologique »).

Le temps de croyance suppose tout d'abord le temps de réaction, car la perception est la condition *sine quâ non* de la croyance : ce qu'il s'agit de croire il faut déjà l'avoir compris, les mots doivent avoir été entendus, leur sens saisi. Mais ce n'est là qu'une halte : la croyance n'est pas concomitante de l'intelligence des termes ouïs. Comprendre une proposition et y croire, c'est deux choses bien distinctes : que faut-il donc pour passer de l'une à l'autre ? Il faut l'intervention de notre volonté, il faut notre adhésion ; l'entendement ne fait que proposer telle vérité à notre croyance, suit alors notre œuvre propre qui consiste à la faire *nôtre*, à l'accepter ou à la repousser. Dans le cas seulement où nous l'aurons *adoptée* cette vérité sera *crue*.

Nous ne sommes pas, en effet, de purs esprits — si cela était, d'ailleurs, nous n'aurions pas lieu de croire et lorsqu'on fait, en Dieu, l'entendement se confondre avec la volonté, on supprime pour lui tout sens au mot croyance — Dieu n'a plus lieu de croire : la croyance est l'œuvre de l'homme tout entier. Elle implique, comme telle, la collaboration de ce qu'Aristote appelait nos trois âmes et n'est constituée en nous que quand elle a gagné à elle ces trois âmes, ce qui exige nécessairement un certain temps.

Disons-le tout de suite, ce temps sera d'autant plus abrégé que l'idée rencontrera en nous des tendances préexistantes.

Toute connaissance reste pour nous lettre morte jusqu'à ce que nous nous la soyons incorporée, lui ayons donné la vie. Le sens d'une proposition est vite entendu ; soit par exemple cette maxime : « Les bonnes actions portent toujours leurs fruits », nous comprenons sans peine ce que cela signifie ; mais dirons-nous aussitôt que nous « croyons » à cette vérité ? Les mots entrent dans notre esprit à l'état de germes inanimés ; il faut qu'ils pénètrent plus profondément en nous, il faut qu'une sorte de gestation se fasse, il faut un temps d'incubation pendant lequel nous réfléchissons, développons le contenu de l'idée déposée en nous ; nous la laissons ainsi mûrir, c'est-à-dire contracter des liens avec ce qui préexiste déjà en nous, s'amalgamer avec nos habitudes, s'associer à certaines de nos idées, entrer en conflit avec d'autres.

C'est seulement à la suite de ce travail (au sens mécanique du mot) que l'idée a acquis de la vie et que nous la *croyons*.

Est-il besoin de prouver par un exemple que la croyance n'est pas un phénomène immédiat et que le « temps de croyance » l'emporte sur le temps de réaction ? Je rappellerai ces cas où, apprenant une nouvelle très inattendue, nous répétons longtemps : « Je ne peux pas y croire ». Est-ce le sens des mots que nous ne pouvons pas saisir ? la difficulté réside-t-elle dans l'opération intellectuelle ? c'est inadmissible, car c'est précisément parce que nous entendons très bien ce qu'on nous dit que nous ne pouvons y croire.

Et d'ailleurs la même phrase serait crue infiniment plus vite si elle rencontrait en nous des tendances préexistantes allant dans le même sens qu'elle. Ainsi on nous déclare : « M. X··· est mort hier », nous n'y pouvons pas croire parce que nous avons vu ce monsieur avant-hier en parfaite santé ; il faudra du temps pour détruire en nous l'idée installée et lui suppléer une idée contraire. Mais si on nous déclare : « Madame X··· est morte hier » et que sachant cette dame depuis longtemps malade, nous nous soyons attendu à l'événement, nous croirons presque instantanément ce qu'on nous dira.

Si la croyance exige un certain temps, à quoi reconnaîtrons-nous que nous croyons ? nous reconnaîtrons l'arbre à ses fruits : c'est l'*action* qui nous guidera. Une idée sera « crue » quand elle aura mis en branle un mécanisme, qu'elle sera devenue une force agissante, une cause produisant des effets ou plutôt une puissance se réalisant en des actes. Le temps de croyance aura pour durée l'intervalle qui s'étend entre la compréhension de l'idée et le moment où notre conduite se manifeste modifiée, façonnée conformément à l'idée assimilée.

S'il en est ainsi on comprend qu'il soit impossible de donner des chiffres et de parler de durée moyenne ; on ne peut que s'en tenir à cette règle générale : « Le temps de croyance est directement proportionnel à la résistance que rencontre en nous l'idée à croire, résistance faite des tendances préalables à direction contraire et qu'il s'agit de vaincre. »

La nécessité d'un temps de croyance ne constitue pas pour nous une infériorité : c'est au contraire une conséquence de notre supériorité sur l'animal. Celui-ci ne *croit* pas parce qu'il ne dépasse pas l'instinct et n'agit pas avec liberté, tandis que l'homme possède au contraire l'intelligence et la volonté personnelle : l'intelligence, c'est-à-dire le pouvoir de délibérer et de différer d'agir par le jugement ; la volonté, c'est-à-dire le pouvoir de réprimer l'automatisme (lequel aurait l'instantanéité de la fatalité) et d'imposer à la réaction un long circuit, une « déclinaison », comme disait Epicure, par quoi l'acte final, en même temps qu'il devient nôtre, se trouve différé.

Et cependant il est incontestable que le fait psychologique constaté passe inaperçu de la plupart et que presque tous nous estimons la croyance immédiate. Il nous reste donc à nous demander ce qui nous induit en illusion ?

La cause de notre erreur doit être cherchée dans le *langage*, ce grand coupable en matière de connaissance psychologique. Notre croyance, en effet, ne se traduit que rarement par des actes, il lui faut pour cela les nécessités de l'occasion, mais jusque-là il lui suffit de s'exprimer par des mots. Or, ces mots, nous les trouvons déjà tout faits dans le langage, nous pouvons nous en servir avant d'en avoir développé le contenu et vérifié si, pour notre propre compte, nous le vivions vraiment. Les mots peuvent nous duper nous mêmes, car ce ne sont que des symboles morts, des formes vides et combien sont-ils, ceux d'entre nous qui descendent jusqu'au fond du sens des mots ? Nous nous en servons comme de signes commodes et, de fait, ils nous suffisent pour nous faire entendre de nos semblables. Mais pour combien de gens serait-il vrai de dire que les mots par lesquels ils la formulent sont l'expression adéquate de leur croyance ?

C'est ce que ces gens apprennent seulement quand l'action les somme de réaliser les symboles dont ils usaient ; ils apprennent alors qu'on a plus tôt fait de dire « je crois » que de croire. Ils constatent qu'ils usaient d'un papier-monnaie mais qu'ils n'ont pas en eux les fonds représentés et dans leur conduite ces individus se révèlent traîtres à leur croyance, ou, du moins, leur en coûte-t-il de longs efforts pour agir d'accord avec elle.

Chacun de nous peut faire l'expérience sur soi-même : analysons-nous soigneusement dans un de ces cas, par exemple, où un événement important est survenu dans notre vie ; nous surprendrons au fond de nous-mêmes, informulées, des phrases comme celle-ci : « Je ne peux pas le croire ». — « Je n'y crois pas encore », etc. — Une personne frappée d'un grand malheur disait : « Je n'ai pas fini d'y croire » — mot profond ! D'ailleurs, les poètes l'ont déjà remarqué, on ne croit à la mort d'un être cher qu'après quelque temps, alors que notre vie s'est modifiée en conséquence, que nous avons senti nos habitudes changées.

C'est ainsi encore qu'une personne qui vient d'hériter d'une forte somme ne croit pas tout de suite à sa fortune ; elle en parle cependant, raconte à tous qu'elle est désormais très riche — mais, si elle sait regarder au dedans d'elle-même, elle s'apercevra qu'elle ne croit pas encore et c'est seulement après avoir fait de grosses dépenses, en un mot après avoir « agi en personne riche » qu'elle se croira l'être.

Et dans l'ordre des idées abstraites il en va de même : après une découverte scientifique bouleversant les idées jusque-là reçues, chacun en parle comme d'un article de foi — pourtant les plus savants n'y croient que faiblement, ils connaissent qu'il en va ainsi, mais en eux l'habitude d'un état de choses contraire l'emporte encore ; c'est seulement lorsqu'ils auront vécu et affirmé leur conviction nouvelle par des actes en rapport avec elle, qu'ils croiront en elle. Nous pouvons nous résumer d'un mot et dire qu'on « croit croire » bien avant de croire. Ces paroles de Biran nous serviront de conclusion : « Il faut que les vérités s'incorporent à nous et nous pénètrent longtemps, comme la teinture s'imbibe peu à peu dans la laine qu'on veut teindre. Il faut une pénétration lente de chaque jour, une « intussusception » de la vérité (1) ».

(1) *Journal intime*, Ed. Naville.

DEUXIÈME PARTIE

DE LA NATURE DE L'ACTE DE CROYANCE

CHAPITRE PREMIER

CROYANCE ET ACTION.

Nous venons de voir se constituer la croyance, nous en avons suivi la croissante complexité, l'ayant trouvée liée déjà à la perception sensible et l'ayant vu dépendre de l'effort volontaire. Dans cette analyse de ses conditions nous avons omis un important facteur de la croyance : l'action, à ce point essentiel, cependant, qu'on peut dire que la plupart de nos croyances résultent *a posteriori* de nos actes.

Mais si nous n'avons pas, parmi les éléments formateurs de la croyance, étudié l'action, c'est qu'elle nous semble requérir déjà (au moins implicitement) la croyance et notre façon de procéder se justifiera si nous parvenons à montrer que l'action n'étant que l'extériorisation de la croyance, en implique tous les éléments constitutifs. Il n'y a là qu'un même phénomène bilatéral ou plutôt deux aspects d'un seul grand fait : la Volonté. La croyance et l'action sont substituts l'une de l'autre ; croire, c'est se retenir d'agir et agir c'est traduire au dehors une croyance.

Une fois composée, comment et par quoi se manifestera la croyance? « Elle érige nos idées en principes ordonnateurs de nos actions (1). » Comme la Volonté ne se sépare guère du mouvement, ainsi la croyance est presque synonyme de l'action ; elle est elle-même une forme de mouvement qui tantôt se limitera à des processus internes, tantôt aboutira à des actes extérieurs car sous l'empire d'une intense croyance, l'individu est, suivant l'expression vulgaire « poussé à agir ».C'est qu'en effet, nous ne cessons de le répéter, la croyance n'est pas un simple état intellectuel mais une sorte de mouvement vital, de sorte que quand nous disons que l'action traduit la croyance, il faut bien entendre le sens de cette traduction. Elle n'est pas un fait adventice qui pourrait ne pas être : l'action n'est autre chose que la croyance elle-même objectivée ; il y a entr'elles équivalence, les actes inspirés par une croyance étant moins ses effets que ses parties constituantes.

Croire, c'est déjà agir dans le sens de ce que l'on croit. Les pratiques spirites nous permettent de le vérifier par une expérience assez suggestive : n'est-il pas curieux, en effet, que les tables ne tournent que sous les doigts de ceux qui *croient* qu'elles tourneront?

---

(1) Hume, *Essai sur l'entendement humain*, 5.

Jamais un sceptique n'accomplit le prodige. C'est qu'en
effet, croire à la possibilité d'un mouvement c'est déjà
le commencer et pour les adeptes, croire que la table
va tourner c'est faire tout ce qu'il faut pour qu'elle
tourne.

Croire, c'est projeter sa conviction dans l'action,
laquelle « fait descendre notre vie intime sur la place
publique. Agir, c'est brûler ses vaisseaux (1) ». Sans
l'action, nous n'avons qu'une croyance *décorporalisée*
(*disembodied*) qui est un non-être, car l'action est le
corps de la croyance, « elle lui sert d'appui, elle est le
support où cette croyance renouvelle son énergie (2) ».

De cette équivalence entre la croyance et l'action une
conséquence capitale résulte au point de vue métaphysique : c'est la réfutation du scepticisme absolu. En
effet s'il est absurde, impossible de supposer que nous
puissions vivre sans jamais agir et si toute action implique une croyance (implicite, sinon explicite) on voit
qu'il est non moins absurde et impossible d'exiger que
nous soyons sceptiques absolument (3). Ne rien croire
impliquerait non seulement l'immobilité complète, mais
que l'on s'abstînt même de manger car cet acte implique la croyance que la nourriture est nécessaire à l'en-
tretien de la vie (4). C'est l'objection qu'il a toujours

(1) Payot, *De la croyance*.
(2) *Id.*, *op. cit.*
(3) « Le grand destructeur du Pyrrhonisme, c'est l'action, c'est
« le mouvement, ce sont les occupations de la vie commune »
(Hume, *Essai*, X).
(4) Cf. Loke, *Essai sur l'entendement humain* : « Celui qui
« dans les affaires ordinaires de la vie ne voudrait rien admet-
« tre qui ne fût fondé sur des démonstrations claires et direc-
« tes, ne pourrait s'assurer d'autre chose que de périr en fort

été aisé de faire au scepticisme, aussi ses partisans se sont-ils vus forcés de distinguer entre la *croyance passive* (la persuasion involontaire de Sextus Empiricus) et la *croyance active* (l'adhésion réfléchie à la vérité scientifique) (1). Puisqu'il fallait accorder la nécessité de l'action, les sceptiques ont accordé la nécessité d'un minimum de croyance, consistant à tenir l'action pour raisonnable, c'est-à-dire vraisemblable.

Cependant nous n'agissons pas toujours : cessons-nous de croire quand nous n'effectuons aucun mouvement appréciable ? nullement et c'est en ce sens qu'on a pu dire avec raison que « croire, c'est se retenir d'agir » : la différence entre les deux consiste en ceci, que la croyance est la forme potentielle de l'action, une continuelle « Thatbereitschaft », celle-ci étant la forme actuelle de l'autre, *in actu perfectio*. Que voulons-nous dire quand nous affirmons croire à l'honnêteté de tel homme ? Nous voulons dire que nous serions prêts, le cas échéant, à agir à son égard comme envers un honnête homme c'est-à-dire à lui faire crédit, etc. Croire que l'alcool est un poison c'est s'en abstenir, c'est-à-dire agir négativement. Croire que la monarchie constitutionnelle est le meilleur des régimes c'est, dans une apparente inaction, nourrir le désir de voir se réaliser ce gouvernement, diriger ses pensées vers cette seule idée, ressentir les émotions en rapport avec elle et être continuellement prêt à agir. Le passage d'une telle croyance à l'action, ce n'est que celui de la force de tension à la force vive.

« peu de temps. Il ne pourrait trouver aucun mets ni aucune « boisson dont il pût hasarder de se nourrir. »

(1) Cf. Brochard, *Les sceptiques grecs.*

Les œuvres où elles s'expriment nous seront ainsi un critère de la valeur des croyances, ce seront les fruits par où nous jugerons l'arbre. Admettons-nous, en effet, qu'il croit à la beauté du sacrifice, celui qui vit en égoïste sans rien s'imposer pour les autres ? « La foi qui n'agit pas, demandait Racine, est-ce une foi sincère ? » Douterons-nous au contraire, si les martyrs chrétiens croyaient en ce Christ qu'ils confessaient au prix de leur vie !

Comme elle nous renseigne sur les croyances d'autrui, l'action peut nous faire connaître la valeur de nos propres croyances, c'est l'acte qui sera le critérium de notre sincérité et manifestera nos plus intimes secrets, ceux qu'on se cache à soi-même et qui sont révélateurs du plus profond de soi-même. Celui qui voudra pratiquer la maxime socratique devra donc, pour se voir tel qu'il est, observer, non ses pensées mais ses actes.

« Comme on jette le loch dans l'eau obscure pour « mesurer la vitesse du vaisseau, ainsi les actions qui « émergent de la vie inconsciente nous doivent servir « à étudier les courants qui nous entraînent parfois à « notre insu. L'acte nous fournit une définition con- « crète de l'idée qu'il exprime (1). » Méfions-nous donc des croyances que nous n'aurons pas essayées sur la pierre de touche de la pratique, elles « ressemblent à des causeries sans efficacité avec soi-même » (2) : ce sont des ombres qui s'évanouissent devant les sommations de l'action.

Bien souvent nous hésiterons sur nos propres sentiments jusqu'au jour où, invités à agir pour eux, nous

(1) Blondel, *L'action*.
(2) Payot, *De la croyance*.

6

apprendrons leur exacte intensité. Que peut-on dire de son patriotisme tant qu'on n'a pas pris les armes pour défendre la patrie en danger ? Sait-on bien comment on aime les siens avant le jour où il faut se dévouer pour eux ?

Que de fois nous ne croyons ainsi qu'après avoir agi et parce que nous avons agi ! On pourrait presque dire que la croyance résulte *a posteriori* de l'action — comme, suivant la théorie James-Lange, les émotions ne résultent que des mouvements qu'elles provoquent, la tristesse par exemple, des larmes versées (1).

Nous apprendrons ainsi que nous nous attribuons plus de croyances que nous n'en avons réellement car c'est seulement quand il y aura conformité entre notre conduite et nos soi-disant croyances que celles-ci mériteront ce nom.

Mais nous savons combien cela est rare et quelle difficulté nous rencontrons à réaliser cette conformité ! la résistance que nous éprouvons vient des tendances contraires qui nous sollicitent à des actes qui seraient la négation de notre croyance principale. Ces tendances sont elles-mêmes des croyances ébauchées et contradictoires : il y a donc conflit parce qu'il y a en nous non pas une âme simple mais un polypsychisme et que des activités subalternes rendent difficile le triomphe de l'activité supérieure et personnelle. Il faut que celle-ci l'emporte pour que la croyance qu'elle traduit soit digne de ce nom.

(1) Cf. Braid, *Neurhypnologie* : « Quelle que soit la passion que l'on veut exprimer, quand les muscles nécessaires à cette passion sont mis en jeu, la passion elle-même éclate tout d'un coup.

L'équivalence entre la croyance et l'action a une importance psychologique capitale et nous permet de comprendre le mécanisme de la croyance volontairement acquise.

Comme la croyance s'extériorise dans l'action ainsi, par une sorte de choc en retour, celle-ci tend-elle à susciter la croyance dont elle est l'expression. « Action et croyance sont dans une réaction réciproque », dit J. Sully (1), l'acte accompli établit un courant fermé en vertu de quoi l'action fait croire et la croyance fait agir : nous verrons que c'est tout l' « Abêtissez-vous » célèbre de Pascal.

On comprend donc que lorsque la croyance n'arrive pas à se constituer (soit que, du point de vue logique trop d'objections se présentent, soit que manque un des éléments que nous avons vus nécessaires à sa formation) on puisse y atteindre par le chemin de l'action. Quand il y a égalité entre deux valeurs, il est permis de poser tout d'abord le deuxième membre de l'équation pour retrouver le premier.

Le tout complexe qu'est la croyance, suivant une direction centrifuge, s'extériorise en un acte : si nous réalisons d'abord l'acte, nous sommes ramenés suivant une direction centripète à l'autre pôle ; nous avons commencé par la conclusion simple, après quoi les prémisses complexes, s'imposent un à un.

Doutons-nous si nous aimons beaucoup un ami ? agissons comme si nous l'aimions, faisons chaque jour quelque chose pour lui, appliquons-nous à avoir des attentions, imposons-nous systématiquement de petits sacri-

(1) Human Mind.

fices pour lui : par une sorte d'auto-suggestion nous nous serons fait croire à notre affection. Puisque tout ce que nous avons fait signifiait cette croyance, elle s'impose à nous *a parte post*. La croyance acquise par cette sorte d'intervertion sera d'ailleurs parfaitement nôtre, nous l'aurons achetée et payée son juste prix par l'action qu'elle valait. Au plus haut degré de complexité de la croyance, nous avons trouvé qu'elle exprimait la volonté personnelle : l'acte n'est que la traduction de cette volonté personnelle. Mais une fois posé, il re-décompose la croyance qu'il traduit et en ramène un à un les stades moins complexes. Il force notre attention à s'arrêter sur lui, à rechercher les motifs qui peuvent mener à lui : or nous avons vu qu'être attentif à ces motifs ce sera presque les croire légitimes. L'acte tend, en outre, à se reproduire de sorte que la croyance est déjà une habitude avant d'avoir été examinée ; enfin le geste réveille l'émotion de sorte que l'acte nous fait remonter jusqu'au fond de notre croyance, jusqu'aux racines qu'elle plonge dans nos sentiments.

Une objection se présente : s'il y a équivalence abso-lue entre agir et croire, pourquoi, quand la croyance est impossible l'acte est-il possible ? pourquoi évoque-t-il comme son synonyme une croyance qui pourtant n'existait pas avant qu'il fût accompli ?

Problème capital de la croyance systématiquement acquise, où nous voyons l'abîme qui sépare l'homme de l'animal, le premier ayant seul le pouvoir d'agir vo-lontairement sans être sollicité du dehors et sans avoir en vue une fin immédiate, mais à la seule fin médiate, de susciter en lui une croyance. L'homme se sert ainsi de son acte d'abord automatique comme d'un moyen pour arriver à reproduire ensuite le même acte volontairement, comme l'expression de sa croyance personnelle.

C'est que le geste est un symbole, comme tel il est un alors que la croyance est complexe et il est plus facile à exécuter parce qu'il n'implique pas forcément cette croyance personnelle supérieure que nous ne pouvons pas momentanément constituer.

L'acte correspond également à tous les stades de la croyance, son « développement » est variable. Ce peut être, par exemple, une croyance religieuse très personnelle et très complexe qui nous fera tremper nos doigts dans l'eau bénite — ce peut être aussi la foi du charbonnier. Mais si nous doutons, souhaitons la foi sans y pouvoir atteindre, n'est-il pas plus simple, comme dit Pascal, de nous « abêtir », c'est-à-dire de nous discipliner en commençant par l'acte comme si nous avions la foi complexe qu'il traduit ?

L'acte pourtant, ne sera pas chez tous évocateur de la même croyance et nous retrouvons ici les conditions que nous avons partout rencontrées. Il n'y aura pas création *ex nihilo*, il n'y aura que passage du potentiel à l'actuel, le résultat final restant toujours subordonné à ce qui préexistait chez l'individu : images mentales, émotions, tendances, connaissances.

Ainsi, nous le voyons, l'action, nécessaire en un sens à l'acquisition de la croyance, n'en est cependant que l'extériorisation et en implique tous les éléments ; c'est ce qui nous en a fait réserver l'étude jusqu'au moment où nous aurions vu la croyance entièrement constituée. Action et croyance sont coextensives et leur évolution est parallèle, l'une comme l'autre présente tous les

6.

stades mais il n'y a *croyance personnelle* qu'au moment où il y a *acte volontaire*. Tant que l'action n'est qu'un moyen mécanique en vue d'une fin, il est vrai de dire qu'elle est encore automatique (1) et la croyance qu'elle évoque a le même caractère. De même, quand l'acte n'est qu'une habitude, c'est-à-dire le résidu d'une volition passé, il n'est plus qu'automatique, et de même la croyance qu'il traduit. C'est au moment où un acte nouveau est accompli pour lui-même, par suite d'une volition présente qu'il est vraiment volontaire — et la croyance qui l'a suscité est bien alors personnelle.

L'acte accompli volontairement, encore qu'expression *inadéquate* de la volonté personnelle, en vue de l'obtention d'une croyance qui, une fois constituée, suscitera le même acte devenu expression *adéquate* de la volonté personnelle : voilà ce qui est le propre de l'homme et c'est à ce moment qu'atteint toute sa valeur une croyance qu'il peut tenir pour l'expression de sa personnalité tout entière.

(1) Rabier, *Psychologie*, t. II.

CHAPITRE II

LES CROYANCES IMPLICITES.

Si la croyance est un phénomène aussi complexe que nous le pensons et si, à des degrés différents de « composition », elle se trouve impliquée à tous les stades de notre activité mentale, nous sommes amenés à nous demander quelles sont les limites de son extension et à soupçonner que nous croyons bien plus de choses que nous n'en savons croire. Nous allons voir, en effet, que la croyance est coextensive de notre vie psychique et que nos croyances explicites sont peu de chose auprès de nos croyances implicites.

Et d'abord il ne faut pas oublier dans cette récapitulation, que la négation est une manière de croyance tout comme l'affirmation. Ce sont les deux pôles d'une même sphère (1), car le contraire logique de la croyance, c'est le doute et non la négation. Bacon a dit qu'il faut plus de crédulité pour être athée que pour croire en Dieu : nous n'irons pas si loin mais nous pouvons affirmer, sans paradoxe, qu'il faut souvent une plus grande force de croyance pour nier que pour affirmer, l'inhibition étant toujours plus difficile que l'action.

(1) Qu'y a-t-il d'identique au fond de l'affirmation et de la négation, si ce n'est la croyance ? (Tarde, *Logique sociale*).

Ces esprits, hardis précurseurs des savants modernes, qui furent brûlés au moyen âge comme hérétiques, dira-t-on qu'ils ne croyaient pas ? Et ne fallait-il pas à un Michel Servet plus de croyance pour nier ce qu'alors la religion imposait à la foi de tous — que pour partager une croyance commune ? Ne faut-il pas plus de force pour remonter un courant que pour le suivre ?

Les grands négateurs, les grands destructeurs de la foi reçue, sont en ce sens les plus grands croyants : « Le nihilisme, a dit Saisset, n'est qu'un dogmatisme en délire (1). »

Ainsi notre croyance s'étend non seulement à tout ce que nous affirmons, mais à tout ce que nous refusons de croire.

Une autre cause d'erreur peut induire à trop restreindre le champ de la croyance, c'est que d'ordinaire nous ne la considérons qu'où elle est explicite, où elle s'énonce par des affirmations, par des jugements qui, nous le savons, sont des actes volontaires. Mais nous oublions que cette croyance volontaire nous est apparue comme le simple couronnement d'une croyance spontanée, infiniment plus étendue, automatique ou *implicite*. C'est ce que Dugald Stewart appelle la croyance « instinctive »; elle remplit toutes les fonctions de l'autre et porte sur un champ immense.

Nous n'en avons pas conscience à l'état normal, cependant, pas plus que nous ne sentons notre corps à l'état de santé parfaite. Et c'est ici surtout que la pathologie nous est d'un précieux secours en nous montrant des cas où ces croyances instinctives se dissolvent,

(1) Saisset, *Le scepticisme.*

en nous faisant assister à leur régression, ce qui nous permet de comprendre leur importance et leur étendue à l'état normal. Nous en concluons que cette étendue est celle même de notre vie psychique mais que nous faisons presque toujours « de la prose sans le savoir », c'est-à-dire que la plus grande part de notre croyance est implicite.

Nous n'en savons pas l'existence parce que rien n'entre en lutte avec elle et qu'il lui faudrait s'opposer à quelque chose pour qu'elle nous devînt consciente ; mais, informulée, elle n'en est pas moins réelle et traduite par des actes ; il en est d'elle comme de la station immobile, qui implique un grand nombre de mouvements.

Avant d'examiner sur quoi portent, ces « croyances communes », comme les appellent les Anglais, remarquons déjà qu'elles sont impliquées par suite d'une nécessité vitale, comme la condition indispensable de notre activité élémentaire. Une croyance implicite est attachée à nos instincts : nous avons déjà eu occasion de la signaler en parlant de l'équivalence entre la croyance et l'action.

Une tendance nous pousse à agir, dont l'origine remonte au point de départ de la vie. Au commencement n'était pas seulement le Verbe de l'Évangile : « Anfangs war die That », déclare le Faust de Gœthe. Or agir implique croire, exprime une croyance. Si nous attendions de savoir pour agir, qu'est-ce qui nous prouverait qu'il est en notre pouvoir de le faire ? « On ne pourrait pas croire à la suite d'un choix, dit M. Fouillée (1), s'il n'y avait pas déjà une certaine croyance

(1) Fouillée, *Tempérament et caractère.*

spontanée au delà de laquelle l'analyse ne peut descendre. Aussi ne peut-on que résoudre le complexe en simple, montrer une conscience primitive d'agir, de tendre, de vouloir. »

Puisque nous ne pouvons ni faire un mouvement, ni même manger sans croire, force nous est d'admettre à la base même de notre vie une « croyance de provision » qui serait l'analogue de la morale de provision de Descartes. Elle est implicite, disons-nous, inconsciente, mise en nous mystérieusement par la nature qui veut la vie et dans ce but « soutient notre raison impuissante et l'empêche de douter de tout ». Nous avons vu que cette croyance implicite, postulat de la vie, était la « vraisemblance » des sceptiques. C'est encore celle contenue dans les « principes de pratique » que Locke oppose aux principes de connaissance ; c'est la « raison expérimentale » de Hume, c'est-à-dire « une espèce d'instinct dont les principales opérations ne sont jamais dirigées par ces rapports ou comparaisons d'idées qui sont les objets propres de nos facultés intellectuelles (1) ». C'est enfin la « croyance réelle » que Newman nous montre toujours mêlée, soit à l'action à laquelle les objets nous sollicitent, soit à celle qu'ils exercent sur nous (2).

En dehors de cette forme d'activité élémentaire, conséquence d'une sorte d'impératif vital, nous trouvons la croyance implicite comme condition de chacun des phénomènes psychiques qui nous ont paru nécessaires à la constitution de la croyance explicite.

C'est ainsi que nous avons déjà reconnu la nécessité

(1) Hume, *Essai sur l'entendement humain*, IX.
(2) Cf. Newman, *Grammar of Assent*.

d'une croyance de perception. Nous avons constaté, en effet, que la perception sensible impliquait la collaboration active du moi. C'est par une série de perceptions que se constitue l'expérience, ce puissant auxiliaire de notre croyance, mais l'expérience ne tire son autorité que de ce que toutes les perceptions qui la composent ont été crues. On considérerait comme un abus de langage de dire qu'on *croit* que le soleil brille et pourtant, dans l'intelligence naissante, tout cela a été croyance au début (1). On peut même dire qu'il n'y a rien en nous que nous n'ayons lieu de croire, car rien dans le monde extérieur ne ressemble à nos perceptions. Chacune est une invention de notre esprit qui tire parti de la nature extérieure pour construire des synthèses selon ses propres aptitudes (2).

C'est en ce sens que Secrétan déclare la perception du monde extérieur une affaire de croyance (*Philosophie de la Liberté*).

Dans la mémoire, la croyance est encore impliquée. Que servirait, en effet, la présence du souvenir si ce souvenir n'apportait pas avec lui le sentiment du réel? Il n'y a mémoire que quand on croit à ce dont on se souvient — or, la pathologie nous le montrera, il y a des doutes de mémoire. Il n'y a pas alors d'amnésie, les faits sont exactement et minutieusement remémorés, mais les malades ne sont pas sûrs que ce qu'ils se rappellent soit vrai.

Tous nos sentiments, enfin, s'accompagnent de croyance : nous avons même vu qu'ils sont, par excellence, les faits psychologiques auxquels adhère notre

(1) Cf. Spencer, *Principes de psychologie*, I, 4ᵉ partie.
(2) Paulhan, *Revue philosophique*, 1898.

croyance. Nous croyons toujours à nos émotions, dit Descartes, si l'on est joyeux il faut bien croire à sa propre joie. C'est ce qui permet à Wundt de rétablir la part de la volonté jusque dans les sentiments : « Notre perception directe des sentiments (par l'activité interne de l'aperception) incline à attribuer à ces derniers une relation avec la volonté (1). »

Enfin nous allons voir la croyance implicite porter sur certaines notions à elle propres et, sous ces aspects nouveaux, elle sera encore impliquée dans toute croyance explicite.

Ces croyances communes auront pour objet : 1° la réalité du moi (qu'elles déborderont sous forme de croyance à l'existence des autres hommes et à celle du monde extérieur) ; 2° la réalité du présent (qu'elles déborderont sous forme de croyance au passé et au futur).

Nous avons ainsi « ces croyances inévitables, dont parle Balfour, qui nous guident tous, enfants, sauvages et philosophes dans la conduite ordinaire de l'existence journalière et qui, étendues et généralisées nous fournissent quelques-unes des présuppositions importantes sur lesquelles l'édifice tout entier de la science paraît logiquement basé (2) ».

I

Croyance en soi. — Si la réflexion subjective est postérieure aux spéculations sur le monde extérieur, c'est cependant la croyance *implicite* que nous avons en no-

---

(1) Wundt, *Physiologische Psychologie*, I, 356 (trad. franç.).
(2) Balfour, *Fondement de la croyance*.

tre propre existence qui s'impose tout d'abord à notre
analyse, parce qu'elle est à la base, non seulement de
notre vie pratique, mais de toute connaissance dans
l'ordre spéculatif. Si l'on pousse, en effet, le relativisme
jusqu'à l'idéalisme absolu, on se refuse la possibilité de
rien connaître, sinon par rapport à ce Moi, seule réalité et auteur de toute connaissance.

En ce qui concerne notre vie pratique, il est assez
évident après ce que nous avons dit de l'activité, que
nous ne saurions faire un mouvement, satisfaire un
besoin sans que se trouve impliquée la croyance en notre possibilité d'exécuter ce mouvement — ou en l'existence de notre corps qui a éprouvé ce besoin.

C'est sur ce sentiment de l'existence de notre corps
(c'est-à-dire sur une croyance en ce qui est *nôtre*) que
repose, sous ses formes les plus complexes, la croyance
en soi.

D'où nous vient ce sentiment de l'existence de notre
corps ?

La notion s'en constitue tout d'abord par un apport
constant de sensations internes qui, jamais interrom-
pues, forment le fond du tableau sur lequel celles ve-
nues du dehors paraissent et disparaissent. Ce groupe
permanent de sensations et d'images constitue le sentiment de notre corps (cénesthésie), ce que Condillac
appelait le « sentiment fondamental de l'existence » et
Biran, le sentiment « de l'existence sensitive (1) ».

_____

(1) L'importance de ces sensations internes nous apparaît
d'autant plus grande qu'on peut les faire remonter à la vie fœtale et admettre, dès avant la naissance, un vague sentiment
du moi et du non-moi. Cabanis est le premier à avoir appelé
l'attention sur les sensations internes et à avoir montré la portée psychologique de la vie fœtale.

7

« C'est par lui que le corps apparaît au Moi comme *sien*, par qui le sujet spirituel se sent et s'aperçoit exister en quelque sorte localement dans l'étendue limitée de l'organisme (1) ».

La cénesthésie, cet ensemble de sensations viscérales, musculaires, articulaires, met donc en nous implicitement la croyance que nous avons un corps, que nous existons. Et nous nous en convaincrons en voyant des malades, chez qui la cénesthésie est gravement troublée, demander s'ils sont morts et parler d'eux-mêmes comme d'êtres ayant cessé de vivre.

Nous voilà donc avertis sans cesse de l'existence de notre corps ; désormais quand une sensation nous viendra de l'extérieur, elle nous suggérera à la fois le Moi et le Non-Moi, le premier se constituant « par suite de la situation privilégiée que vient occuper dans l'ensemble des images ce groupe spécial qui constitue mon corps (2) ».

L'importance de notre corps et des sensations qu'il nous fournit est bien mise en relief par l'expérience de Strümpell sur un jeune garçon qui, totalement anesthésique, ne pouvait avoir de sensations que par un œil et une oreille : si on venait à fermer son œil et à boucher son oreille, ce jeune homme déclarait : « Je ne *suis* plus ».

Une remarque curieuse de W. James nous montre bien à quel point notre corps est l'origine de toute croyance en nous-mêmes. L'auteur fait observer que nous nous identifions à nos vêtements qui sont en contact direct avec notre corps, si bien que le dicton qui

(1) Beaunis, *Sensations internes*, p. 53.
(2) Bergson, *Matière et mémoire*, p. 36.

fait consister la personne humaine en trois éléments :
une âme, un corps et des vêtements — ne serait pas dé-
nué de fondement (1).

Non seulement la croyance en notre existence en général, mais celle plus précise en notre Moi pensant,
voulant : celles, en un mot, qui réunies forment la
croyance en notre *personne*, dérivent encore de notre
corps. La croyance en un Moi pensant n'est fondée que
sur le fait d'avoir un corps « et au lieu de dire que nous
nous souvenons de nous-mêmes, il serait plus exact de
dire que nous ne nous souvenons que de notre corps...
Nous avons de notre pensée une conscience organique
(cérébrale) autant qu'intellectuelle (2) ».

Il est même à remarquer que cette « conscience organique » de notre pensée précède tout jugement d'existence et c'est encore sur elle que repose le *Cogito* de
Descartes. Qu'est-ce que son : Je pense, sinon la conscience qu'il a d'être pensant . « Car nous ne pouvons
pas penser sans sentir notre Moi corporel comme siège
de la pensée (3). » Sur ce point, Cabanis se révèle, une
fois de plus, grand psychologue en proposant de transformer la formule cartésienne suivant la direction con-
dillacienne et de l'énoncer ainsi : Je sens, donc je
suis (4).

W. James, comme déjà Hume, nous refuse tout sentiment de force, de pouvoir autonome et nous ramène
à des processus centripètes, rattachant notre croyance
en nous-mêmes à « un ensemble de mouvements se

(1) James, *Principles of Psychology*, I, 292.
(2) Jaurès, *De la réalité du monde sensible*, thèse.
(3) James, *op. cit.*
(4) 1er Mémoire sur les rapports du physique et du moral.

passant entre la tête et la gorge ». [Nous renvoyons, d'ailleurs, à son intéressante analyse (I, chap. X).] Du moins ces mouvements céphaliques seraient-ils les éléments d'activité interne dont nous sommes le plus conscients.

Quant à la notion de notre personnalité, elle se constitue par la synthèse de ces éléments que nous avons vus nécessaires à la constitution de la croyance, de sorte qu'on peut dire que la personnalité est d'autant plus solidement constituée que l'individu est susceptible d'une croyance plus fortement synthétisée. Ces personnes qui doutent, demandent : Est-ce bien moi qui ai fait ceci ou cela ? Suis-je le même qui ai commis tel acte ? — sont des individus qui ne peuvent synthétiser en une même *croyance personnelle* des éléments trop disparates, lesquels cependant ont dû être chacun l'objet d'une croyance spontanée.

La difficulté, on le conçoit, va croissant avec le développement intellectuel de l'individu : plus il s'enrichit, plus se forment en lui de systèmes différents entre lesquels la difficulté sera plus grande de mettre de l'unité. Nous avons donc plusieurs Moi qui se contredisent et nous savons les conflits qui s'élèvent entre le Moi privé et le Moi social, le chrétien et le savant, l'amoureux et l'ambitieux. Que de fois nous avons assisté en nous-mêmes à de pareilles luttes, nous demandant où était notre vrai Moi parmi ces combattants ! Au moment où l'un parvient à se subordonner les autres, il devient « le moi » et si aucun changement ne survenait, les mêmes causes ramenant toujours la victoire au même groupe (c'est-à-dire au plus puissant), le Moi s'apparaîtrait comme une unité. Mais en réalité l'échiquier de nos tendances se modifie continuellement avec nous-mêmes, c'est parce que le changement est insensible que nous ne le remarquons pas, mais s'il se fait trop brusque ou qu'il aboutisse à un écart trop grand entre le passé et le présent, le moi qui passe au premier plan nous apparaît sans lien avec le précédent et les doutes surgissent. Il y a étonnement, la reconnaissance ne se fait plus du Moi d'autrefois dans celui d'aujourd'hui, l'identification semble impossible.

De même, toute altération de la mémoire influe sur l'idée que nous nous faisons de notre personne : rappelons qu'à l'alternance des mémoires est lié le dédou-blement de la personnalité.

On pourrait maintenant se demander si nous n'abusons pas des mots et s'il y a lieu de parler de « croyance » quand il s'agit de la connaissance intuitive que nous avons de nous-mêmes. Nous le pensons. Et d'abord si, comme le veut James, la conscience de soi a son origine dans des « réactions motrices », il n'y a pas d'expérience proprement interne, mais toute expérience est objective. « L'existence du Moi pensant devient un postulat logique au même titre que l'existence de la matière. » Mais en outre, une intuition, une évidence nous dispenserait-elle d'un acte de foi ? Nullement et c'est ce que M. Ollé-Laprune a fort bien montré : « Que l'on considère, dit-il, notre existence personnelle. Pour chacun de nous c'est une vérité évidente et pourtant cela n'empêche pas que cette affirmation n'exige de notre part je ne sais quelle *confiance*. En quoi ? en la sûreté de notre propre vue intérieure dont, après tout, nous n'avons pas de preuve, en la sincérité native de notre propre intelligence dont, après tout, nous n'avons pas de garant. Aussi peut-on dire indifféremment « je sais que j'existe » ou « je *crois* à ma propre existence. Si je me défiais de tout, je n'affirmerais rien, pas même mon existence personnelle (1). »

Nous voudrions, en terminant, nous arrêter un instant sur une forme intéressante de la croyance en soi : la fiance en soi.

Nous rencontrons dans le monde deux catégories de gens bien différents : les uns sont les timides, les autres ne doutent de rien. Et nous sommes parfois étonnés que le succès vienne donner raison à ceux qui ont « cru en leur étoile ». Suffirait-il donc de croire en la victoire pour la remporter ? Alors, ce serait bien simple.

Malheureusement cela n'est pas aussi simple que cela le paraît. On ne croit pas sur commande à son succès, il y a là un mécanisme psychologique intéressant à démontrer.

Un homme croit qu'il réussira dans son entreprise : qu'est-ce à dire ? Cet homme a conscience d'une certaine force au dedans de lui, il sent qu'il peut lutter contre les obstacles et son succès final est déjà en germe dans la croyance qu'il a de le voir se réaliser. « Le fort ne se trompe pas en affirmant sa force ni le clairvoyant en affirmant qu'il voit clair » (Renard).*Audaces fortuna juvat*, dit-on, mais l'audace c'est une forme de la force dont la fortune n'est que le triomphe. Il n'y a donc là qu'une transformation de la force, laquelle s'est extériorisée, passant de la forme interne de *fiance* à la forme extérieure de succès et nous ne devons pas plus nous étonner que lorsque nous voyons

(1) Ollé-Laprune, *La certitude morale*.

une femme enceinte porter, à quelque temps de là, un enfant dans ses bras.

Il faut bien d'ailleurs qu'il en aille ainsi et que l'étoile portechance de certains, ils la possèdent en eux, car d'où leur vient ce ton d'assurance qui nous rend parfois ces personnes insupportables ? De ce que les expériences passées leur ont donné raison : si ces individus avaient été déçus, leur confiance eût faibli ; mais précisément elle se renforce par ces victoires antérieures. Mais alors si tout est succès pour les uns tandis que tout est défaite pour les autres, les individus ne sont-ils pas un peu responsables de ces différences, et dans le même sens où La Rochefoucauld disait que « le bonheur d'un homme dépend au moins autant de son humeur que de sa fortune », ne pouvons-nous dire que le succès d'un homme dépend au moins autant de lui-même que des événements ?

Cette croyance en soi est suspendue, selon Fichte, au pouvoir de produire une force, elle résulte du sentiment que nous avons de pouvoir agir, amener un fait réel (non pas de produire des concepts). C'est-à-dire qu'elle repose sur nos sensations musculaires et cela est juste, mais elle nous semble plus complexe encore, modelée par notre cénesthésie. C'est ce que paraît bien confirmer la loi qui gouverne cette fiance et la fait varier incessamment : si son origine est moins rationnelle que viscérale, on comprend que le baromètre de cette fiance ait mille causes journalières de changement. Ne savons-nous pas qu'elle est plus grande quand nous sommes en bonne santé et s'affaiblit dans tous les états de dépression ?

Nous avons fait, je suppose, telle longue marche il y

a vingt ans, mais malgré le souvenir de notre pouvoir passé et bien qu'aucune expérience n'ait été tentée dans l'intervalle qui nous ait appris à douter, aujourd'hui nous ne croyons plus être capable de faire la même marche. Pourquoi ? c'est que nous sommes plus vieux, plus fatigués et ne sentons pas en nous la force potentielle qu'il nous faudrait faire passer à l'acte dans l'épreuve proposée.

Nous pouvons même aller plus loin et admettre que dans certains cas où la croyance en soi-même ne serait pas l'équivalent adéquat du succès, elle en serait encore un des facteurs essentiels. C'est qu'en effet, il est faux que nous soyons passifs à l'égard d'un Fatum, nous collaborons aux événements de notre vie, de sorte que notre foi au succès devient un auxiliaire de ce succès.

« Quand le succès n'est pas garanti, la foi que nous avons par avance est bien souvent la seule chose qui fait que le résultat se vérifie. Si, lorsqu'il s'agit de sauter d'une hauteur prodigieuse, nous avons confiance, nous aurons le pied ferme et nous serons sauvés. Si nous ne croyons pas assez, nous tomberons, nous serons perdus (1). »

L'analyse de la croyance sous cette forme spéciale, nous la montre très proche de l'*Espérance*, que l'on peut définir « une tendance à croire que ce que l'on désire arrivera ».

Au fond, les deux phénomènes ne diffèrent pas l'un de l'autre ; espérer implique encore une force que tous n'ont pas au même degré et le fait que l'espoir se réalise n'est pas plus mystérieux que l'évolution de la puissance à l'acte.

(1) W. James, *The will to believe*.

II

A côté de la croyance en soi qu'on pourrait appeler « croyance simple » celle en l'existence des autres êtres constitue ce que M. Sully appelle la « croyance composée ». Elle n'est que l'extension de la première, car notre Moi social est encore un des aspects de notre Moi. Parmi les éléments du Moi matériel, en effet, il faut tenir compte de ce Moi social, du sentiment que nous avons de faire partie d'un tout, de n'être complet que par les autres, unité vivante au milieu d'unités semblables.

Une tendance aussi profonde que celle qui nous pousse à satisfaire les besoins de notre corps nous pousse à rechercher la société, à attirer l'attention d'autrui. C'est cette tendance de l'homme, ζῶον πολιτικόν qui nous paraît l'origine de sa croyance en l'existence de ses semblables. Si même cette croyance est plus forte que celle en la réalité du monde extérieur, c'est qu'elle nous est plus indispensable et que nous sommes trop sociaux pour ne pas la vouloir de toutes nos forces (1).

En un autre sens encore, la « croyance composée » nous semble l'extension de la « croyance simple ». Il semble que le Moi, par sa propre force d'expansion, tende à « projeter d'autres Moi pour les rapprocher de soi et se prolonge en eux afin d'avoir ainsi accès dans une synthèse plus large (2) ». Notre action ne paraît s'achever que dans la coaction avec autrui.

(1) Cf. James, *op. cit.*, t. II, 318.
(2) Blondel, *De l'action*.

7.

Ces vues sont justes, elles nous montrent la croyance
qui nous occupe d'autant plus vive que la personnalité
est plus puissante, capable d'une plus grande expansion : notre croyance en la réalité des autres hommes
varie d'intensité suivant notre *besoin*. L'homme de
génie, le créateur, travaille pour l'humanité, la totalité
de ses semblables est pour lui quelque chose d'aussi
réel que l'existence de tel de ses proches. Au contraire,
pour les individus peu développés ou qui n'ont qu'une
faible puissance de synthèse, il semble que l'univers
se rétrécisse : pour ces individus il n'y a de bien réelles que les personnes liées immédiatement à leur vie,
à la satisfaction de leurs besoins élémentaires. L'existence de l'humanité reste une idée vague qui n'éveille
rien de vivant, ne suscite aucune action.

Quant à sa genèse, cette croyance semble le résultat
d'une induction toute naturelle, presque invincible.
Une opération si familière que nous ne le remarquons
pas, nous fait juger des autres par nous et attribuer
des effets pareils à ceux que nous produisons, à des
causes pareilles à nous qui les produisons. De l'existence d'autres personnes, nous ne pouvons cependant
jamais avoir de certitude. Comment saurions-nous, par
exemple, avec évidence ce que nos semblables pensent ?
il faudrait pour cela que leurs pensées appartinssent à
notre conscience. Il y a donc lieu de notre part, ici
encore, à un acte de foi. « Quand nous sommes assu-
rés de la présence d'autrui, nous dit l'auteur déjà cité,
la croyance se mêle au raisonnement et à la perception (1). » Et il ajoute que ce fait remarquable est trop

(1) Ollé-Laprune, *De la certitude morale.*

peu remarqué. Malebranche, cependant, avant les
Écossais l'avait déjà souligné et il proposait d'appeler
« conjecture » la certitude que nous avons de l'existence
de nos semblables, ayant vu que parmi ses éléments il
y a un raisonnement et une *croyance*.

Ayant son origine dans une tendance liée à un besoin
d'autant plus intense que la personnalité est plus fortement organisée et ne pouvant se constituer sans que
nous nous y prêtions, la croyance en l'existence des
autres hommes nous offre donc le même caractère que
nous avons partout rencontré au cours de cette étude
et il est vrai de dire avec M. Fouillée, que « nous passons à l'affirmation d'autres êtres en vertu d'un déploie-
ment de l'activité volontaire (1) ».

III

La foi en soi, du moins en un Moi corporel, est encore la condition préalable de la croyance en la réalité
du monde extérieur.

La réalité du monde sensible fera le sujet d'éternelles
discussions théoriques (2). Mais imagine-t-on une société qui donnerait le pas à la spéculation sur l'action
et s'amuserait à résoudre les difficultés métaphysiques
avant d'ajouter foi aux choses matérielles ? Cette hypothèse, heureusement, ne menace pas de se réaliser
jamais : ce serait la mort.

Informulée, la croyance au monde extérieur n'en
existe pas moins chez tous (malgré les mêmes variations individuelles que nous présentent les diverses

(1) Fouillée, *Liberté et déterminisme.*
(2) Cf. Jaurès, *De la réalité du monde sensible*, thèse.

croyances implicites) ; elle est la conviction de l'activité et de la vie. Si nous l'analysons, sur quoi trouvons-nous qu'elle repose ?

Selon Fichte, se rapprochant en cela d'Hamilton, elle se fonderait sur celle de la possibilité des sensations que nous attendons du monde extérieur. Les premières expériences laisseraient en nous une attitude expectante avec tendance à croire en la venue des suivantes. Cela est juste, mais ne nous paraît pas suffisant pour rendre compte du caractère indéracinable de notre croyance.

Spencer explique par sa distinction des *états forts* et des *états faibles* notre croyance en l'existence du monde extérieur ; les premiers s'accompagnent du sentiment du réel, les seconds nous fournissent nos idées. C'est la distinction de Hume entre l'*impression* (perception sensorielle) et l'idée ou *pensée* qu'a l'âme quand elle se replie sur ses sensations (1).

Dès lors l'idéalisme qui doute de la réalité du monde extérieur résulterait d'un affaiblissement du sentir, d'une impuissance à éprouver des états forts. Mais psychologiquement, le réalisme est indémontrable et Spencer reconnaît qu'on n'échappe à l'idéalisme absolu que « par un acte de foi ignorant de son contenu (2) ».

Et de fait, c'est bien à notre Moi qu'il faut demander la raison ultime de notre croyance au monde extérieur. Le vrai motif « nous en échappe, il doit être cherché dans les postulats de notre nature en vertu de quoi nous croyons à ce qui les satisfait (3) ».

(1) Hume, *Essai sur l'entendement humain*, 2.
(2) Spencer, *Psychologie*, p. 473.
(3) James, *op. cit.*, t. II.

Cette croyance, c'est en grande partie sur des tendances, sur des besoins pratiques qu'on doit la faire
reposer : c'est la faim et la soif qui fondent notre
croyance en la réalité du pain et du vin. La qualité de
réalité, en effet, n'est pas comme les autres, c'est une
relation à notre vie émotive et active. Elle signifie que
nous adoptons les choses, que nous nous en sou-
cions (1). Elle est en rapport avec notre vie active, car
nous répondons à la stimulation des choses par des
mouvements, par des actes : c'est donc aux mouvements par nous accomplis qu'il faut surtout demander compte de la croyance en la réalité du monde
extérieur et de la profondeur avec laquelle elle est im-
plantée en nous. Nous pouvons définir le sentiment du
réel : « La conscience que nous prenons des mouvements effectifs par lesquels notre organisme répond
aux excitations. »

Les impulsions au mouvement ne nous fournissent
cependant qu'une partie de l'explication, car si elles ne
rencontraient pas d'obstacle, elles n'engendreraient pas
la croyance en un monde distinct du Moi qui éprouve
les sollicitations. Il faut encore faire intervenir la *résistance* à notre mouvement pour expliquer notre croyance
en la réalité du monde extérieur. On sait que Condillac
l'expliquait toute par là. Le mot *objet* lui-même, d'ailleurs (en allemand *Gegenstand*), signifie résistance
exercée contre nous (2). « Quand le mouvement volontaire est arrêté par un obstacle, la sensation est

(1) *Id.*, 569.
(2) Höffding, *Psychology*, trad. angl., p.207-208. L'auteur définit le réel : Ce que nous ne pouvons nous empêcher d'appréhen-
der comme tel.

différente de lorsqu'elle est arrêtée par notre seule
volonté. Il y a une marque dans la conscience, la ter-
minaison éprouvée nous surprend, d'où notre croyance
« à quelque chose en dehors de nous qui a arrêté le
mouvement » (1).

Ce serait donc le sens de la résistance (2) qui serait
le principal agent de cette croyance et avec lui le sens
du toucher, ce qui n'est pas pour nous surprendre car
nous avons vu que les sensations tactiles étaient celles
qui imprimaient en nous la plus forte croyance perceptionnelle. Comme elles ont l'avantage d'être moins variables, elles confèrent plus de stabilité que les autres
sens n'étant que des « anticipations de toucher » (3).

A l'appui de cette assertion que les sensations de
tact et de résistance sont bien l'origine de la croyance
au réel, Höffding fait remarquer que les hallucinations
de la vue et de l'ouïe n'impliquent pas celles du toucher ni du sentiment de résistance, tandis que celles-ci
impliquent les autres et sont par suite les plus désas-
treuses pour notre santé intellectuelle.

Mais c'est notre mouvement, c'est-à-dire notre activité volontaire (le contact et la résistance), qui nous
procurera ces sensations et par là nous sommes ramenés à la conclusion où partout nous avons été conduits, ne faisant pas différer la croyance de la volonté.
Nous verrons, en effet, quand le mouvement deviendra
impossible, le sens du réel s'affaiblir ou même dispa-

---

(1) Cf. Beaunis, *op. cit.*, 130.
(2) On peut faire remonter ces sensations de résistance à la
vie fœtale, comme les sensations internes, de sorte que dès
lors nous aurions le « sentiment » de l'existence du monde
extérieur.
(3) Berkeley.

raître. Et de même la croyance en la réalité des objets
étant en proportion de leur efficacité à stimuler la volonté, lorsque celle-ci viendra à s'affaiblir, le doute
apparaîtra : nous verrons, en effet, à l'aboulie lié le
curieux délire du doute.

De sorte que la raison ultime de notre croyance en
la réalité du monde extérieur, que W. James place
dans des postulats d'ordre pratique, peut être dite, en
langage plus métaphysique : notre volonté que ce monde
soit.

IV. *Croyance au passé et au futur.*

A l'état normal, nous ne tenons pas seulement pour
réels les événements présents à mesure qu'ils se déroulent, notre croyance porte encore sur le prolongement
du présent : en arrière, sur le passé et, devançant les
événements, sur le futur.

La mémoire, qui nous conserve les faits, les enre-
gistre avec le caractère de réalité qu'ils eurent lors de
leur présentation et quand nous nous « rappelons »
avoir rencontré hier notre ami, nous croyons bien en
même temps qu'il en fut réellement ainsi. Faut-il des
preuves de cette loi ? mais notre conduite de tous les
instants nous en fournit : presque chacun de nos actes
implique notre croyance à des faits passés et trouve
dans ceux-ci sa raison suffisante. Pourquoi faisons-
nous provision de chauffage en automne, sinon parce
que nous croyons que l'hiver, comme chaque année,
va revenir ? Pourquoi désirons-nous retourner en certains lieux sinon parce que nous croyons que nous nous
y plairons comme par le passé ?

Mais le sentiment de réalité rétrospective peut s'affai-

blir indépendamment du souvenir, le doute quant à la
réalité du passé peut coexister avec une mémoire parfaite. On se rappellera, par exemple, la journée précédente dans ses moindres détails mais on demandera :
« Est-ce bien vrai que cela a réellement eu lieu ? » Cela
nous montre que la croyance à la réalité du passé implique quelque chose de plus que la conservation des
images, elle dépend d'un effort de synthèse de la part
de l'individu que celui-ci pourra n'être plus capable
d'ajouter comme un dernier surcroît, à la conservation
mécanique de ses souvenirs.

Cette croyance au passé fait rarement défaut et de
fait elle est de nécessité vitale, puisqu'elle conditionne
non seulement notre conduite à venir mais encore la
présente. En outre et réciproquement, elle se renforce
à tout instant par nos actes présents desquels *a poste-*
riori, nous déduisons la croyance implicite au passé.

Cependant plus vive encore est notre croyance en la
réalité du futur. « Elle semble plus facile et naturelle
que la croyance au passé », dit M. Sully, « car dans
l'anticipation notre imagination partant du présent se
meut le long de la série des expériences dans leur ordre
réel et non dans l'ordre inverse ».

Mais la vraie raison nous semble plutôt que la croyance au futur va dans le sens de notre désir ; ce qui
fait sa force, c'est qu'elle est une forme de cette espérance, de cette attente (expectation) que nous analy-
sions plus haut. Dans la croyance au passé, nous ne
sommes encore que passifs vis-à-vis de nos souvenirs,
ils nous reviennent affectés d'un caractère de réalité
rétrospective fondé sur le fait que cette *réalité fut dé-*
jà présente. La croyance en l'avenir réclame plus de

nous, elle implique notre activité, notre vouloir que les choses imaginées *soient* ; nous sommes ici créateurs, car il s'agit de choses qui jamais encore ne furent et qui réclament de nous un effort pour être tirées du possible et amenées à la réalité. Croire qu'hier le soleil s'est levé se confond pour nous avec se rappeler le fait : croire que le soleil se lèvera demain, bien qu'une tendance créée par l'habitude nous y pousse, cette tendance demeurera vaine si nous n'avons pas la force de suivre sa sollicitation.

C'est pourquoi j'hésite à partager l'opinion de M. Sully et à tenir la croyance au futur pour plus forte que celle en la réalité du passé. Cela pourra être sans doute, dans bien des cas, mais ce sera surtout à cause de l'émotion éveillée en nous par la représentation du futur. Chez une jeune fille, par exemple, l'idée de son premier bal auquel elle ira dans huit jours amène une croyance plus vive que celle attachée aux faits insignifiants de la veille, parce que ce bal l'intéresse, qu'à côté de cette image tous les souvenirs paraissent ternes. Mais, en règle générale, ce qui demande un effort étant plus difficile que l'activité automatique, notre croyance dans le futur est moins solide que celle dans le passé. Et je n'en veux d'autre preuve que l'ordre même de régression de nos souvenirs : les malades nous le verrons, doutent s'il y aura un lendemain avant de douter si le jour précédent a réellement été.

CHAPITRE III

Du primat de la croyance sur la connaissance.

Toute théorie de l'intelligence pure, indépendante des autres formes d'activité, semble abandonnée de nos jours. Suivant une loi qui vaut pour l'esprit, comme pour la science, la psychologie tend à une systématisation croissante et se rapproche de l'unité comme de sa limite.

La division de l'âme en « facultés » distinctes qu'on pourrait étudier isolément, n'est plus possible ; l'esprit humain se révèle un Tout et c'est comme tel qu'on est obligé de l'étudier aujourd'hui.

Aussi ne fait-on plus guère de la croyance un fait de logique pure et n'essaie-t-on plus de la rattacher au seul entendement. Le problème qui se pose est autrement vaste en tant qu'on découvre dans la croyance un fait complexe qui nous présente sous une de ses formes, le problème infini de la volonté.

Un double chemin a conduit à ces conclusions : la croyance est d'abord apparue débordant de toutes parts la connaissance. Nous l'avons vue, en effet, enracinée en nous bien plus avant que celle-ci, jusque dans ce fond obscur de nous-même qui ne se révèle pas à notre conscience. Nous avons montré que la suspension absolue du jugement nous condamnerait logiquement à une inaction absolue et que, par cela seul que nous vivons, une somme de croyance était présupposée en nous antérieurement aux opérations intellectuelles qui pourraient la justifier.

Trop souvent, en outre, la raison s'est vue réduite au silence par des croyances qu'elle réprouvait mais qui se montraient plus fortes qu'elle, imposées à elle par le sentiment ou la volonté ; tandis qu'en bien des cas, c'était le contraire et « des motifs d'ordre moral empêchaient l'assentiment à des conclusions logiquement inattaquables ». Les vérités les plus irréfutables (il a bien fallu le reconnaître) « n'appellent donc pas nécessairement l'assentiment (1) ».

En même temps un revirement se faisait dans une autre direction et aboutissait à des conclusions qui semblaient venir au devant des précédentes.

Sous l'impulsion de Kant, on demandait des comptes à la certitude logique et on découvrait ses conditions extra-logiques (2) : si bien qu'ils se dissimulassent, au fond de toutes les sciences les postulats étaient dévoilés.

Si donc, d'une part, on concluait à l'alogisme de la croyance, de l'autre on reconnaissait qu'elle pénétrait jusqu'en la logique, que jamais une affirmation n'était pleinement justifiée par le seul entendement mais que l'intellect s'appuyait partout sur des croyances implicites.

Prétendons-nous, en effet, justifier toutes nos croyances ? En dehors de celles que j'ai appelées « croyances

(1). Newman, *Essay on a Grammar of Assent.*
(2) Cf. Kuno Fischer, *Gesch. der mod. Phil.*, t. IV, p. 119.

d'action » et qui, dictées par une sorte d'impératif vital, ne sauraient se légitimer rationnellement, nous avons coutume d'invoquer, pour rendre raison des autres, des *motifs*. Mais un motif n'est, comme on l'a dit, « que le retentissement et la synthèse de mille activités « sourdes. C'est le député d'une foule de tendances « élémentaires qui l'appuient et le poussent ».

Le moment où nous formulons notre croyance a toujours été précédé d'un travail automatique, d'une gestation accomplie dans notre subconscience ; notre raison raisonnante n'en a rien su et c'est sa seule excuse à revendiquer l'enfantement d'une croyance qui, au fond, lui a forcé la main et lui a arraché *a posteriori* un simple acte de reconnaissance. « Notre intelligence n'a que la tâche ingrate d'inventer des motifs pour justifier les actes de notre personnalité inconsciente ; c'est comme dans ce jeu, dit Max Nordau, où une personne fait les gestes et où une autre dit les paroles correspondantes (1). »

Il a donc bien fallu le reconnaître : nous puisons nos motifs de croire ailleurs que dans notre raison.

Pourtant, n'est-il pas de connaissances certaines ? ne réclamerons-nous pas pour l'entendement le pouvoir de nous conduire à des vérités d'une certitude absolue ? Cela est juste en ce sens que ces vérités s'imposent à notre esprit, mais leur nécessité n'est pas métaphysique, elle ne résulte pas d'une loi valable en dehors de nous : à leur nécessité nous collaborons. Ces vérités s'imposent à notre esprit parce que tout d'abord quelque chose, situé en nous plus profondément que l'esprit, a imposé à celui-ci des postulats.

(1) Max Nordau, *Dégénérescence.*

Le type des connaissances certaines est d'ordinaire cherché dans les mathématiques : cependant elles renferment encore une part de relativité. Platon les faisait intermédiaires entre le sensible et l'intelligible. Descartes ne jugeant pas suffisante leur nécessité intellectuelle recourait à la véracité divine jusqu'à ce qu'enfin Kant ait démontré le caractère synthétique *à priori* de leurs principes.

Et l'on sait que les mathématiciens actuels, poursuivant dans cette voie, réduisant sans cesse les postulats, sont arrivés à concevoir une géométrie non euclidienne, un espace à *n* dimensions, à déclarer même « qu'on fait la géométrie avec de l'espace comme avec de la craie » (1).

Mais il est une certitude qui semble encore plus inattaquable et il semble bien, cette fois, que la croyance n'ait plus rien à voir avec la logique. C'est là encore une erreur. Les lois de la logique syllogistique non seulement renferment quelque chose de plus que celles de la logique formelle, mais dans une certaine mesure, *elles s'en écartent* (2).

Les choses ne sont pas complètement conformes à la pensée, de sorte que, si l'esprit s'obstine, il ne pourra sortir de la logique formelle, ne pourra rien affirmer touchant le réel. La valeur, la possibilité du raisonnement syllogistique reposent sur la croyance, grâce à laquelle l'esprit comble l'hiatus entre les choses et lui. Et la méthode syllogistique elle-même, Newman l'a très bien montré, ne conduira jamais qu'à des proba-

(1) Dunan, *Théorie psychologique de l'espace.*
(2) Cf. Boutroux, *L'idée de loi naturelle dans la science et la philosophie*, p. 15.

bilités parce que d'une part les conclusions ne portent jamais que sur l'abstrait et que de l'autre, les prémisses ne sont jamais démontrés, à leur base sont toujours des postulats qu'on qualifie d'évidents quand on ne peut plus les expliquer (1).

Mais la logique formelle elle-même s'impose-t-elle à nous avec une nécessité absolue ? L'histoire de la philosophie témoigne d'un continuel effort pour déduire les principes logiques. Descartes les faisait précéder d'un principe concret, le cogito ; Fichte les justifiait par un acte du moi voulant réaliser la liberté et suspendait l'être à l'activité de ce moi. Enfin Hegel ne tiendra pas pour indispensable le principe de contradiction : en tous cas nous pouvons le nier si nous voulons.

C'est encore sur le moi que les Néo-Kantiens font reposer la logique. L'évidence, dit Renouvier, ne doit pas être expliquée par une intuition mais par un instinct, une force propre à notre nature (2).

« L'expression : « c'est évident », remarque fort justement M. Brochard, désigne bien plutôt une croyance qui s'obstine qu'une qui se justifie. » (*De l'erreur*).

De telle sorte que « le vrai nom qui convienne aux axiomes est celui d'impératifs » (3), conclut M. Dauriac.

Ainsi il faut l'avouer : la croyance est un genre qui comprend la connaissance. Si l'on peut croire sans être certain, on ne peut être certain sans croire ; en vain

---

(1) *Op. cit.*, p. 268-69. C'était déjà le point de vue d'Aristote, posant au point de départ de la science des postulats indémontrables pour lesquels il réclamait une intuition intellectuelle.
(2) Renouvier, *Psychologie rationnelle*.
(3) Dauriac *Croyance et réalité*.

nous exigerons, pour croire, d'être certains : dans notre
certitude entre encore une part de croyance. « On croit
être certain », dit fort bien M. Renouvier, « il n'y a pas
de certitude mais seulement des hommes certains. »

Faudra-t-il donc désespérer ? et de ce que toute certitude est entachée de croyance, faudra-t-il déprécier
notre connaissance et conclure que nous n'atteignons
jamais à la vérité ?

Non, certes. Pourquoi la certitude logique perdrait-
elle de son prix parce qu'il s'y mêle des éléments extra-
logiques ?

Extra ne veut pas dire anti, — ni même, infra. La
connaissance rationnelle ne se suffit pas à elle-même,
mais la croyance qui la dépasse ne la contredit pas. Le
« credo quia absurdum » de Tertullien n'est pas nécessaire, il ne serait qu'une faiblesse ; la raison n'a pas à
abdiquer en apprenant qu'elle est toujours surpassée
par la volonté. N'est-il pas, au contraire, consolant de
penser que s'il ne dépend pas de nous que la vérité soit
« d'une certaine manière elle n'est pour nous que si
nous le voulons » ? (1). Renan a donc tort de dire que
« les choses auxquelles on croit, on n'en est jamais bien
sûr » (2). Il serait plus juste de dire qu'on en est plus
sûr que si l'on en était certain.

Pourquoi, d'ailleurs, se refuser un espoir optimiste,
pourquoi ne pas supposer que dans ce fond obscur où
plonge le vouloir pour déterminer l'intelligence, ne
règne pas déjà quelque raison confuse ? « Peut-être la
« vie animale est-elle déjà pénétrée d'une sorte de vir-
« tualité rationnelle, peut-être les tendances spontanées

(1) Ollé-Laprune, De la certitude morale, p. 124.
(2) Renan, L'eau de Jouvence, p. 54.

« ne font-elles, en arrivant à la conscience personnelle,
« qu'y trouver avec plus de lumière. plus de force et
« d'exigence » ? (1). Une sorte de raison régnerait
ainsi jusqu'à la limite de l'automatisme psychologique
préparant l'activité volontaire.

Si la critique moderne en dévoilant les éléments extra-logiques de la connaissance tend à réhabiliter la
croyance, une tendance demeure cependant à penser
que les progrès de l'intelligence sont meurtriers pour
la croyance. Qu'y a-t-il là de fondé et avons-nous vraiment lieu de tenir l'exercice de la raison pour fatal à
la solidité de la croyance ?

Remarquons d'abord que l'intelligence peut fort peu
de chose sur un phénomène qui se constitue à de bien
plus grandes profondeurs et n'apparaît sur le domaine
intellectuel que déjà prêt à y éclore. Les premiers as-
sauts de la raison demeureront donc impuissants : « La
« réaction qui s'opère après une révolution montre
« souvent le peu de solidité des effets du mouvement.
« Les résultats auxquels la conscience est arrivée ne
« prennent vraiment racine qu'après avoir opéré in-
« consciemment, être passés dans le sang. L'intelligence
« n'a qu'un rôle de pionnier, il faut aussi que le méca-
« nisme inconscient soit mis en mouvement (2). »

Il est incontestable, cependant, que l'intelligence
exerce un effet d'inhibition sur la croyance en ce qu'elle
multiplie les points de vue, pose à côté des motifs d'affirmer des motifs de douter, amenant une suspension
momentanée du jugement.

Mais le scepticisme où conduit la raison n'est qu'une

(1) Blondel, *De l'action.*
(2) Hœffding, *Psychology*, trad. angl., p. 76.

étape vers une croyance nouvelle : les arguments en
lutte n'ont, en effet pas tous la même valeur et l'esprit
se ressaisit bientôt pour en organiser la hiérarchie et
aboutir à une croyance nouvelle. Le doute ne provient
pas d'un excès de raison mais d'un défaut de volonté
car une intelligence plus puissante, au lieu de se laisser réduire à la neutralité par le conflit des motifs les
subordonnerait et prendrait un parti.

On peint le scepticisme sous d'attrayantes couleurs :
— il faut bien dorer sa pauvreté ! — Au fond, c'est un
arrêt à mi-chemin car tout problème a une solution et
si nous ne nous décidons pour aucune, ce n'est pas excès d'intelligence mais bien faiblesse du vouloir.

« Le plus souvent, dit M. Brochard, le scepticisme
« n'est qu'une forme de la paresse » ; — il trahit, dirons-
nous, notre insuffisante puissance de synthèse mentale.

Ce qui reste vrai, c'est que l'intelligence nous com-
plique l'action de croire, elle fait l'épreuve de notre force ;
mais pour cette force il existe toujours une croyance
où elle peut aboutir — fût-ce une négation, car nous
avons vu que l'incroyance est encore une forme, souvent une forme supérieure de la croyance.

La réelle action de l'intelligence sur la croyance, ce
sera donc tout simplement d'en assurer l'évolution : au
fur et à mesure des progrès de la science, certaines
croyances se trouveront impossibles qui seront délais-
sées — mais à mesure naîtra la possibilité de nouvelles :
ici encore la mort sera condition de la vie, la croyance
comme toute chose progressera : le quantum en restera
fixe. « Nous quitterons la belle et douce lumière des
« croyances spontanées pour nous enfoncer plus avant,
« guidés par la science ; mais à l'ouverture opposée de
8

« ces abîmes, nous reverrons les étoiles, comme dit le
« Dante (1). »

Pour s'en persuader, qu'on évalue le quantum de
croyance que nous offre notre siècle, dit incroyant, et
l'on verra que la science, soit-disant destructrice, cen-
tralise une somme de croyance aussi forte que celle
dont les siècles dits croyants pouvaient se prévaloir.

Le conflit que l'on pensait voir entre la raison et la
croyance n'existe donc pas, — du moins ne s'im-
pose-t-il pas avec une nécessité logique, puisque précisément (nous nous sommes efforcés de le démontrer)
— nous n'avons point affaire à deux antagonistes
de même nature mais à deux sources de connaissance
dont l'une déborde l'autre.

Aussi les formules pourront changer : si les conditions sont modifiées dans l'intelligence seule, l'aboutissement sera toujours une croyance et qui restera
égale à elle-même à travers ses mues successives,
croyance que toute raison postule comme son support,
comme la condition même de son activité ultérieure.
Peut-on dire que la croyance soit aujourd'hui moins
intens dans le principe spencérien de la conservation
de la force, qu'elle ne l'était au moyen-âge en la pos-
session du diable? « Quand, dit M. Durkheim, par
suite du progrès, la religion n'est plus possible sous
une forme, elle en prend une autre : aujourd'hui celle
du culte de l'individu; nous avons pour la dignité de
la personne un culte aussi fort que les précédents
puisqu'il a déjà ses superstitions (2) ! »

Ne pourrions-nous même prétendre sans paradoxe

(1) Jaurès, *De la réalité du monde sensible* (Thèse).
(2) Le suicide.

que la croyance ira croissant avec le développement
intellectuel ? N'est-elle pas en rapport, en effet, avec
l'attention laquelle, nulle chez l'enfant, va croissant
chez l'adulte ? et si la comparaison est juste entre l'histoire de l'humanité et celle de l'individu, ne peut-on
espérer que la capacité d'attention aille croissant dans
les siècles à venir ?

Le progrès des sociétés, comme celui des individus,
ne va-t-il pas dans le sens d'une cohésion de plus en
plus grande, condition d'une croyance de plus en plus
forte et plus personnelle ?

Non seulement l'intelligence ne saurait nuire à la
croyance, mais ne peut-elle recevoir de celle-ci une
précieuse assistance ? Le domaine de la croyance commençant où finit celui de la science, la première pourra
fournir à la seconde des hypothèses, prendre sur elle
les devants ou la compléter.

L'esprit, en effet, est limité mais la volonté où s'alimente la croyance était déjà tenue par Descartes pour
infinie. « La croyance pourra donc prolonger au delà
« de l'expérience et du monde présent les lignes de la
« connaissance actuelle : pourvu qu'elle ne détruise au-
« cune vérité démontrée, la logique la plus sévère n'au-
« ra rien à lui reprocher (1). »

En effet, la critique de la connaissance nous conduit
à une double conclusion : en nous montrant l'impuissance de la certitude à se justifier rationnellement, elle
nous fait voir aussi que l'illégitimité d'une croyance
(qui dépasse la raison sans y contredire) est, de par la
seule logique, indémontrable. Car, selon l'axiome de
Wolf : est possible, c'est-à-dire peut être pensé et cru

(1) Brochard, *Les sceptiques grecs.*

tout ce qui ne renferme pas de contradiction intérieure.

Concluons donc avec confiance que l'intelligence loin d'être destructive pour la croyance, n'est pour celle-ci qu'un instrument de progrès : elle en est le pionnier, c'est elle qui en assure l'évolution continue et la renouvelant, fait participer la croyance à l'histoire de l'humanité. Elle n'est une entrave que pour les organisations mentales faibles qui, mises par elle en oscillation, ne peuvent se fixer sur une conclusion. Mais avant cette oscillation aurait-il pu être question de croyance ? avant le mouvement il n'y a pas encore vie et avant le travail de la pensée réfléchie, soupesant les motifs et jugeant, il n'y a que l'instinct ou la crédulité, il y a ce dont l'animal est capable : il n'y a pas encore la croyance humaine.

Comment, d'ailleurs, l'intelligence serait-elle l'antagoniste de la croyance ? pour pouvoir la détruire l'a-t-elle donc engendrée ? Nous l'avons vue, au contraire, pénétrée d'une croyance confuse : va-t-elle donc anéantir une force qui était impliquée pour qu'elle pût naître ?

Car l'exercice de l'entendement (si loin qu'on pousse la réduction de la matière de la connaissance et jusqu'en la logique formelle) nous est apparu pénétré d'éléments extra-intellectuels, requérant des postulats posés volontairement par notre croyance.

Nos affirmations acquièrent du prix à ce titre qu'elles sont nôtres, que nous y collaborons et nous pouvons déclarer avec Fichte que « le germe d'où s'est développé l'intelligence, c'est la volonté, non l'entendement » (1).

_____

(1) Fichte, *Bestimmung des Menschen.*

CHAPITRE IV

DES CROYANCES ABSTRAITES.

De la croyance religieuse.

Nous sommes partis de la croyance en la sensation ; il semble que nous soyons arrivés au pôle opposé en étudiant maintenant la croyance aux idées abstraites. Autant à un esprit qui ne réfléchit pas l'une paraît naturelle, autant pour le même esprit, il semble étrange qu'on puisse croire à une idée, à un Dieu, choses qu'on ne peut ni voir ni toucher. De fait, nous avions au début un solide point d'appui, tandis qu'ici nous semblons évoluer dans le vide, sans rien de tangible où nous prendre. Il en résulte cette première conséquence que les croyances abstraites exigeront de notre part un bien plus grand effort et ne seront constituées qu'après avoir suivi en nous un trajet beaucoup plus compliqué ; elles seront aussi beaucoup plus fragiles et se constituant plus tard que les autres, disparaîtront les premières dès que faibliront les forces mentales.

La croyance dont l'objet est ainsi transcendant, jamais réalisable dans une intuition sensible, c'est ce qu'on nomme la foi. La foi, nous dit Bossuet, consiste à croire ce qu'on ne voit pas : voilà nettement posé le caractère négatif, l'absence de sensation. Mais ce que

8.

nous voulons nous demander c'est si, à défaut de la sensation présente, toute foi n'exige pas une donnée sensible plus ou moins éloignée dont la représentation s'accompagne d'émotion ; si elle n'exige pas, en outre, des conditions dont la réalisation dépend en partie de notre volonté, enfin un acte d'intelligence, c'est-à-dire tous les éléments que nous connaissons pour leur avoir vu constituer la croyance concrète.

Si nous parvenons à l'établir, nous aurons montré une fois de plus qu'il n'y a pas d'abîme entre les diverses forme d'activité psychique et que, là comme ailleurs, nous acheminant du simple au complexe, règne la loi de continuité.

L'origine de nos systèmes métaphysiques est le besoin de nous expliquer le monde sensible : c'est avec l'expérience journalière, avec la multiplicité du donné que nous construisons une théorie qui les embrasse, poussés par le besoin de ramener toute pluralité à l'unité.

Besoin de l'intelligence, sans doute, qui l'incite à se mettre au travail, à abstraire, à généraliser, — mais qui est né des sommations de la pratique, s'est éveillé en nous au choc des sensations.

Car « nos idées les plus composées se résolvent tou-
« jours en idées simples dont chacune est copiée d'a-
« près quelque sensation correspondante. Par une re-
« cherche exacte on ramène à cette origine les idées
« mêmes qui en paraissent le plus éloignées. On trouve
« toujours que chaque idée vient d'une impression
« correspondante » (1).

Sans doute, puisqu'il s'y est ajouté un travail de l'es-

(1) Hume, *Essai sur l'entendement humain*, ch. III.

prit, nous ne pourrons jamais réaliser tout le contenu de
l'idée abstraite dans l'expérience sensible mais nous voulons trouver dans celle-ci une garantie et il est exact
d'affirmer avec W. James que « toute idée abstraite
qui ne montrerait pas d'effets sensibles serait aussitôt
décrue » (1). C'est sur une preuve sensible que reposent
en dernière analyse, et la science et la religion. C'est
ainsi, par exemple, que les théories d'Aristote sur la physique ont été anéanties par la découverte de la pesanteur de l'air : l'expérience du Puy-de-Dôme devenait le
fondement sensible de théories scientifiques nouvelles.

Il est d'ailleurs inutile d'insister, nous savons bien
que l'entendement humain ne crée pas de toutes pièces
et que nos idées abstraites, (le nom même l'indique),
sont élaborées au moyen des données des sens.

Adopterons-nous, cependant, toutes les idées auxquelles nous pourrons nous élever à l'occasion de
l'expérience sensible ? Il est évident que la tâche n'est
pas finie et qu'une sélection va maintenant se faire.

Les premiers matériaux de toute croyance abstraite
sont, avons-nous dit, les sensations, ces témoignages
incontestés auxquels nous avons vu s'attacher la croyance
immédiate. Mais si cela suffisait, comment nous expli-
querions-nous, (l'expérience sensible étant à peu près
la même pour tous), l'irréconciliable diversité de nos
systèmes ? C'est ici qu'interviennent les facteurs per-
sonnels pour nous faire adopter de préférence à toutes
les autres les croyances qui entrent dans la ligne de nos
intérêts. L'intérêt peut être défini un rapport, le rapport de l'objet au sujet : nous intéresseront donc surtout

(1) James, *Principles of Psychology*, t. II, p. 301.

les théories qui satisferont à nos besoins, nous donneront les émotions les plus complètes, s'harmoniseront le mieux avec nos désirs conscients ou inconscients. En un mot, il se reproduit pour l'abstrait cette sélection que nous avons déjà vue se produire pour le concret et en vertu de laquelle, quand diverses impressions venaient solliciter l'attention, celle-ci en acceptait certaines, tandis que les autres lui étaient non avenues. Cet intérêt qu'une théorie peut nous offrir, c'est ce qui la rend vivante, c'est ce qui nous la fait adopter, lui gagne notre croyance.

Cela est si vrai que la première condition signalée, la nécessité pour toute théorie d'être une explication de l'expérience sensible, n'est guère qu'une condition négative en regard des autres, des satisfactions que notre moi sentant et voulant attend de cette théorie.

Sans doute nous n'admettrons pas un système qui ne se soit pas formé à l'occasion de l'expérience sensible, qui, par conséquent ne l'explique en rien ou soit en contradiction avec elle.

Mais après cette première restriction, parmi les innombrables théories entre lesquelles notre croyance peut opter, c'est notre intérêt qui nous fera choisir et entre un système qui explique imparfaitement le donné quoiqu'il satisfasse pleinement les besoins de l'âme et un autre qui résolve mieux l'expérience sensible mais heurte nos plus vives aspirations, c'est certainement au premier qu'ira la croyance.

M. James explique par là l'impopularité du bouddhisme et il voit là une garantie suffisante contre le danger des philosophies pessimistes. S'il en est ainsi, que demanderons-nous surtout à notre croyance théorique ?· qu'elle nous a paru être l'expression la plus complète et la plus élevée de notre moi, sinon l'action ?

Nous serons donc satisfaits d'un système en proportion du champ plus ou moins vaste qu'il offrira à notre multiple besoin d'activité, en proportion de l'appui qu'il nous fournira pour notre conduite quotidienne, de la réponse plus ou moins bonne qu'il donnera à notre question essentielle : « que dois-je faire ? »

Notre besoin d'une foi ne serait même, d'après certains, que celui d'une règle pour notre activité et les religions qui ont satisfait l'homme n'auraient guère fait que l'exhorter à se mettre à l'œuvre, lui imposer des devoirs précis, lui persuader que la vie était une tâche.

Les éléments constitutifs de toute croyance abstraite sont donc les mêmes que ceux qui amènent notre adhésion à la réalité sensible, seulement il n'y a plus immédiateté : un intermédiaire s'est interposé, c'est le travail de l'idéation qui nous a amenés à un stade plus élevé de la connaissance.

Il s'ensuit pour la croyance un allongement du circuit, une complication de travail qui l'obligeront à porter, non plus sur un objet qu'elle pourra réaliser, mais sur une idée, substrat de cet objet. Le danger, on le voit de suite, ce sera que cette idée ne reste à l'état de conception, que nous ne puissions plus lui conférer le caractère de réalité.

Ce danger n'existe pas quant à nos croyances métaphysiques puisqu'aussi bien nous ne les adoptons qu'à titre d'hypothèses, de théories auxquelles nous ne demanderons qu'une réalité métaphysique. La loi de la pesanteur, l'attraction, les théories ondulatoires plongent dans l'expérience et prétendent l'expliquer, mais comme c'est notre intelligence qu'elles ont pour but de satisfaire, elles y parviendront encore quand même d'autres aspects du Moi n'y trouveraient pas leur compte.

C'est pourquoi, sans nous attarder à analyser nos croyances abstraites, scientifiques ou philosophiques, nous nous élèverons jusqu'à celle qui les domine toutes et nous étudierons la forme la plus haute, la plus complète de la croyance : la croyance religieuse où cherche à se satisfaire, à côté du moi intelligent, le moi aimant et voulant.

La croyance religieuse couronne l'édifice à la base duquel nous avons mis la croyance sensorielle parce qu'elle implique tous les stades que nous avons parcourus depuis lors, se grossit de tous les éléments qui concourent à constituer la croyance personnelle. C'est donc la plus complexe et hiérarchiquement la plus élevée puisque l'apport de l'homme a dû aller croissant à mesure que l'objet échappait à son étreinte sensible, si bien que dans sa croyance religieuse il se projette enfin complet.

On a beaucoup écrit sur la philosophie de la religion, beaucoup moins sur sa psychologie. La question vaut pourtant d'être étudiée mais c'est un sujet très vaste qu'il conviendrait de traiter à part : nous n'entreprendrons ici rien de tel, nous montrerons seulement que l'idée de Dieu, la plus haute où s'élève la raison humaine, a son point de départ dans l'expérience sensible, vit du sentiment qu'elle éveille en nous et s'enrichit de tout l'apport de la pensée humaine.

Par quel processus se constitue en nous la religion ?

est-ce un sentiment que la raison vient interpréter ? ou est-ce d'abord une idée qui éveille à sa suite des émotions ?

Sans être accusé d'hégélianisme on peut penser que l'évolution historique et le développement individuel se correspondent et que l'homme a dû commencer par un fétichisme sensualiste pour s'élever graduellement vers l'idée de perfection morale. Ce n'est pas, on le sait, l'opinion de Max Müller (1) qui pense que l'idée de l'infini a précédé le fétichisme ; mais sa théorie, contestable déjà historiquement, est inadmissible psychologiquement : on a très justement objecté qu'un sauvage qui ne peut compter jusqu'à quatre est incapable du degré d'abstraction nécessaire pour concevoir l'infini (2). Une hypothèse reste acceptable : c'est qu'une opération intellectuelle très élémentaire se soit immédiatement accompagnée de sentiments et que ceux-ci aient devancé la conception d'une idée nette du Divin.

A quelque solution qu'on s'arrête, d'une part, comment serait-il donné à l'homme primitif, alors que son intelligence ne dépasse guère celle de l'animal, d'atteindre par quelque mystérieuse intuition, à l'idée de l'Infini ? Et d'autre part comment l'homme pourra-t-il, des sentiments qu'éveille en lui le monde sensible, tirer le sentiment religieux ? On veut ramener celui-ci à la crainte et à l'amour (Bain notamment), mais l'animal est susceptible de ces émotions et pourtant jamais il n'en tire l'idée du Divin. — C'est là un instinct, répond Renan : soit, mais cet instinct l'homme est seul à l'avoir et il l'a toujours eu. Il semble donc bien que ja-

(1) *Origine et développement de la religion.*
(2) Ribot, *La psychologie des sentiments*, p. 299.

mais il ne construirait la religion, s'il n'en trouvait en lui le germe comme de quelque chose de *sui generis*.

D'ailleurs pourquoi un nom spécial s'il ne correspondait à rien de spécial ? pourquoi les termes d'Infini, les mots de crainte et d'amour n'ont-ils pas suffi ?

Quoi qu'il en soit de l'ordre dans lequel ils se sont développés, voyons les éléments qui entrent en jeu dans la croyance religieuse. Quelque théorie que l'on admette, l'homme a dû construire sa religion et son point de départ a été l'expérience sensible : c'est là le tremplin d'où il s'est élancé. A ce stade primitif correspondent les religions fétichistes, naturistes dont le dieu est un objet susceptible d'être perçu, non encore extérieur à ce monde sensible au sein duquel l'idée s'en est formée. En même temps l'idée religieuse alimentait notre vie affective rudimentaire. Elle répondait d'abord à notre plus puissant instinct, celui de la conservation ; le dieu de nos plus grossières conceptions nous assurait d'une vie dans l'au delà et nous protégeait dans celle-ci. Le Zoon politicon trouvait aussi son compte dans la religion : des liens s'établissaient entre hommes et dieux, la communauté du culte fondait la solidarité sociale. Nos sentiments vagues de crainte et d'amour (soit qu'ils l'aient évoquée, soit qu'ils l'aient, après sa naissance, échauffée) étaient encore des éléments constitutifs de la croyance religieuse. Ils l'étaient si bien, lui étaient si indispensables qu'à toutes les époques où le rationalisme a semblé l'emporter pour écraser le sentiment, de toutes parts celui-ci a pris sa revanche et fait irruption sous une forme quelconque de mysticisme. Enfin les progrès de l'intelligence influaient directement sur l'idée religieuse : l'abstraction, la généralisation croissantes allaient du polythéisme au monothéisme et après les théories purement scientifiques ou philosophiques, c'est la religion qui reflète le plus directement l'évolution de la pensée humaine.

Nous allons maintenant, à titre de vérification, après avoir procédé à la composition de la croyance religieuse, procéder à son analyse et voir si nous y retrouvons, jouant un rôle actif, chacun des facteurs énoncés.

On a défini la foi « Dieu sensible au cœur » : c'est d'abord Dieu sensible aux sens. Cette idée fait le fond, moins de la religion protestante, laquelle est plus intérieure et rationaliste, que de la religion catholique. Bossuet remarquait qu' « il se mêle toujours des images sensibles dans la considération des choses les plus spirituelles, par exemple de Dieu et des âmes » (1). La richesse des autels et la splendeur des habits augmentent la foi des fidèles qui assistent à une grand'messe. Et Hume en met dans la bouche des catholiques l'explication suivante :

« Nous nous retraçons les objets de notre foi sous des
« figures et des images sensibles et par la présence im-
« médiate de ces figures, nous nous en rapprochons bien
« davantage que nous ne pourrions faire par une vue
« idéale et par des contemplations purement intellec-
« tuelles. Les choses sensibles ont toujours plus d'in-
« fluence sur l'imagination que toutes les autres et com-
« muniquent promptement cette influence aux idées
« relatives qui leur ressemblent (2). »

Le culte, les rites, n'ont d'autre objet que d'entretenir un commerce sensible entre Dieu et nous.

(1) *Traité de la connaissance de Dieu et de soi-même.*
(2) *Essai sur l'entendement humain*, chap. III.

Mais ce principe trouve sa plus belle illustration dans la discipline religieuse jésuitique, laquelle témoigne, comme nous l'avons remarqué, d'une très sagace psychologie. Loyola fait un continuel appel aux sens : « Tâchez à Bethléem, tâchez même au Calvaire d'appliquer les cinq sens : voyez et écoutez, goûtez, touchez, flairez la Passion. » Comment Loyola entend-il la méditation ? M. H. Martin (1) nous l'expose : « En ap-
« pliquant les cinq sens par l'imagination à la con-
« templation des personnes sacrées et des circons-
« tances qui les entourent. Il faut les voir, les entendre,
« flairer et goûter le parfum qui émane d'elles, toucher
« et baiser leurs vêtements, la trace de leurs pas. »

Loyola était lui-même un visionnaire, un halluciné et ce qu'il enseigne aux autres, c'est un procédé mécanique afin que se reproduise en eux ce qui s'est produit en lui.

Cette intensité hallucinatoire de l'image se retrouve chez tous les fanatiques : les visions de Mahomet ont influé sur l'islamisme ; Luther avait des hallucinations dans lesquelles il battait le diable ; sainte Thérèse est encore une visuelle qui s'auto-suggestionne : « J'aimerais à faire peindre, dit-elle, l'image de Notre-Seigneur dans plusieurs endroits » — et sa recette d'oraison consiste « à se rendre Dieu présent » (2). L'hallucination, chez elle, ira croissant : la croix de son rosaire lui paraîtra changée, elle y verra « cinq pierres avec les cinq plaies gravées, mais (ajoute-t-elle) je suis seule à les voir ». Enfin l'ouïe se prendra et « dans le plus intime de son

(1) *Revue de Paris*, 1er nov. 1856.
(2) *Vie de sainte Thérèse*, par le R. P. Bouix.

âme elle entendra des paroles plus clairement que si elles lui venaient par les sens. »

Que ces hallucinations, dont s'accompagnent les croyances religieuses, n'aient leur point de départ dans des sensations réelles et à ce titre ne soient encore des projections du moi, c'est ce dont on ne peut douter et ce dont les faits témoignent assez. Sainte Thérèse, un jour qu'elle a une vision de la Sainte-Vierge, trouve à la céleste apparition une ressemblance avec une certaine image qu'elle tient de la comtesse d'Aragon. Notons, d'ailleurs, ce caractère subjectif des apparitions de la Vierge : elle diffère d'aspect suivant les images habituelles, les préférences des voyants. C'est ainsi que pour saint Epiphane elle aura un type oriental, pour Marie d'Agréda un visage d'Espagnole et que pour saint Emmerich ce sera une blonde allemande. La même remarque est très judicieusement faite par Spinoza :

« Les dispositions de l'imagination étaient une cause
« de variété dans les prophètes. Si le prophète avait
« l'imagination belle, c'est en beau style qu'il commu-
« niquait avec l'âme de Dieu ; s'il l'avait confuse c'était
« en confuses paroles et de même pour le genre d'ima-
« ges qui lui apparaissaient. Le prophète était-il un
« homme des champs, c'étaient des bœufs, des vaches ;
« homme de guerre, des généraux, des armées ; homme
« de cour, des trônes et objets analogues. »

Et le sage Spinoza conclut :

« Si l'on veut bien peser tout cela on s'assurera
« aisément que Dieu n'a aucun style particulier et que
« suivant le degré d'instruction et la portée d'esprit du
« prophète qu'il inspire, il est tour à tour élégant et
« grossier, précis et prolixe, sévère et confus. »

Traité théologico-politique, trad. Saisset, p. 38 et 40.

Le moi se manifeste dans la croyance religieuse jusques et y compris les manifestations pathologiques de cette croyance.

La foi, c'est Dieu sensible au cœur : telle est, par excellence, la thèse de ceux qui ramènent la religion au sentiment, et bien qu'exagéré, il faut reconnaître le rôle immense de l'émotion, convenir qu'où celle-ci fait défaut il y a idée métaphysique mais non croyance religieuse. On peut *penser* Dieu, mais il faut l'émotion pour nous ébranler, animer la froide abstraction et nous en faire un Dieu réel auquel nous pourrons croire. Bien qu'on attribue aux uns et aux autres un rôle égal, les sentiments religieux sont, selon nous, plutôt d'ordre sthénique — (l'amour) que d'ordre asthénique — (la peur), car la croyance étant l'expression de la force psychique sera plus aidée par ce qui exalte l'individu que par ce qui le déprime. De tout temps nous voyons que ce renfort de l'émotion a été recherché par les croyants : d'abord sous la forme d'une grossière excitation physique : l'ivresse des Bacchanales, des Dyonisiaques ou cette ivresse mécanique que produit la danse (celle des derviches tourneurs ou des khlystys russes tournant jusqu'à ce qu'ils tombent épuisés). Enfin la forme plus moderne, l'ivresse sociale par multiplication réciproque de l'émotion (1) ; ce n'est pas la moindre puisqu'elle peut amener ces miracles de la foi (de la Faith-healing, comme disait Charcot) qui se produisent chaque année à Lourdes.

Jusqu'où peut aller l'ardeur de l'amour religieux, on le voit par la lecture des mystiques : ils sont arrivés

(1) Cf. 2ᵉ partie, chap. V, De la portée sociale de la croyance.

par l'exaltation du sentiment à réaliser si bien leur
Dieu qu'on leur a de tous temps reproché d'avoir pris
le change sur la nature de leur amour et qu'il suffit, en
effet, de changer le nom de Dieu pour que leurs paroles
deviennent l'expression de l'amour le plus réel, le plus
charnel même.

Le rite entretient la croyance par l'émotion, multi-
pliant encore celle-ci par la contagion sociale : la musi-
que religieuse avec l'accent désespéré de certaines hym-
nes, les images du Crucifié (l'Ecce Homo, par exemple,
qui « fendait le cœur » de sainte Thérèse), l'imposante
pompe des cérémonies entretiennent l'émotion dans
l'âme des fidèles. Cette émotion vient-elle à manquer,
il s'ensuit un état que les mystiques ont décrit, état où,
n'étant plus émus, ils ne *se sentent plus* croire. Il faudra quelque cérémonie émouvante pour rendre le
branle à leur froide raison.

De la puissance de l'émotion témoigne ce fait du
nombre de croyants ramenés à la religion par une
grande douleur : c'est un amour malheureux et le besoin de consolation, c'est la perte d'un être cher et le
besoin d'espérer qu'on le retrouvera dans une autre vie,
qui raniment en nous des croyances éteintes. Mais c'est
surtout la psychologie des conversions qui vient illus-
trer la toute-puissance de l'émotion (1) ; on pourrait en
ramener le mécanisme à ces quatre mots : crainte, espérance, repentir, joie. De quel moment date la conver-
sion d'Augustin ? de celui où « il sent s'élever dans son
« cœur une grande tempête qui fut suivie d'une grande

_____

(1) Cf. Enquête sur les conversions, par Leuba (*Amer. Journal of Psychology*, 1896).

« pluie de larmes ; il en sortit de ses yeux des fleuves
« et des torrents (1) ».

Remarquons que la religion catholique qui a beaucoup plus de rites et parle aux sens bien davantage que
la religion protestante, fait beaucoup plus de conversions tandis qu'on ne compte guère de catholiques passant au protestantisme: c'est qu'ils ont alors une force de
résistance beaucoup plus grande à vaincre, les conversions ne se faisant guère par la raison sans l'émotion.

Notons enfin que l'extension et la force des croyances
religieuses sont plus grandes chez la femme que chez
l'homme, ce qui s'explique par la prédominance chez elle
de l'émotivité.

Mais plus profondément encore que dans les sentiments conscients, nous avons vu la croyance plonger
ses racines dans notre organisme même, dans nos tendances subconscientes, dans tout ce fond obscur de nous-
mêmes qui nous constitue une équation psycho-phy-
siologique propre. Ce principe, qui vaut ici encore, nous
explique bien des particularités de la croyance religieuse : c'est ainsi que, non seulement nous en verrons
certaines formes accompagner de préférence certains
tempéraments (c'est ainsi que le sanguin sera plutôt
libre-penseur, le colérique orthodoxe, le mélancolique
superstitieux et le flegmatique indifférent); ainsi encore
que la direction de la Réforme s'explique en partie par
le fait que Calvin était bilieux (2). Mais en outre, les
croyances religieuses d'un même individu seront susceptibles d'évoluer parallèlement aux modifications de
son organisme : le Dieu de notre âge mûr est rarement

(1) Confessions.
(2) Fouillée, *Tempérament et caractère*.

le Dieu de notre enfance, celui auquel la maladie nous fait croire est tout autre que celui que nous concevons en bonne santé et malgré qu'on ait exagéré cette influence de la maladie sur la foi de Pascal, nous pouvons penser que si celui-ci n'eût jamais souffert, son Dieu eût été moins sombre, ne lui eût pas inspiré cette terreur dont Pascal se défendit si souvent. Pour nous assurer du fait qu'on croit avec tout son être, il suffit d'observer les changements physiologiques qui se produisent au cours des modifications de la foi. La crainte mêlée de respect produit chez les fidèles la *sacer horror* qui se traduit par la pâleur, la sueur froide et témoigne de changements circulatoires, respiratoires, bref toute une résonnance somatique en rapport avec la croyance. Les grands saints nous font, à cet égard, des descriptions significatives : à peu près normaux pendant « leurs sécheresses de cœur » nous voyons leurs périodes de foi s'accompagner de troubles divers. Chez sainte Thérèse c'est « une paralysie opiniâtre, des hallucinations de tous les sens, ces troubles curieux et mal connus du sens musculaire qui constituent le phénomène de lévitation ».— « Tout mon corps était enlevé « de telle sorte qu'il ne touchait plus à terre. » — « Mon « corps devenait si léger qu'il n'avait plus de pesanteur, « je ne sentais plus mes pieds toucher terre. » Enfin la sainte en arrive à l'état cataleptique complet : « Tant « que je suis en ravissement mon corps est comme « mort et dans l'impossibilité d'agir. Il conserve l'atti- « tude où il a été surpris (1). » Nous verrons d'ailleurs, quand nous étudierons la pathologie de la croyance,

(1) *Vie de sainte Thérèse*, par le R. P. Boulx.

et ce sera la plus nette illustration du parallélisme indiqué, l'alternance régulière chez certains malades, d'un état somatique lié aux phases de foi et d'un état somatique tout différent, lié aux sécheresses de cœur.

Nous avions vu que la croyance, ainsi profondément organisée en nous, devait vivre pour la plus grande partie, d'habitude. Retrouvons-nous dans la croyance religieuse cette part d'automatisme?

Certes, plus que partout ailleurs, nous voyons là ce que peut un mécanisme fortement constitué; comme elle exige de la part du moi l'apport le plus complexe, représente son plus difficile achèvement, la croyance religieuse ne serait réalisable que par trop peu d'individus s'il lui fallait résulter pour chacun, de son seul travail propre et représenter toujours l'aboutissant d'une synthèse mentale actuelle et personnelle. Plus celle-ci vient constituer un problème difficile, plus l'activité automatique se substitue à elle pour lui faciliter la tâche. Ce serait à peine parler métaphoriquement que dire de nos croyances religieuses qu'elles sont dans notre sang.

Le germe en est déposé en nous dès la plus tendre enfance, avant l'éveil de la pensée consciente: avant l'heure du fonctionnement parfait, la machine est pliée. Combien restent toute leur vie au stade de croyants héréditaires? Sur un pareil terrain, les acquisitions nouvelles seront impuissantes à modifier l'empreinte ancienne, elles ne pourront que se façonner d'après le moule qu'elles trouveront préexistant. L'enfant récite certaines prières avant d'en comprendre le sens, ses parents l'agenouillent dans un temple avant qu'il saisisse qui l'on y adore, c'est dans la Bible qu'il apprend à épeler:

Quoi d'étonnant qu'une direction lui soit par là à jamais imprimée et que le souvenir de ses premières lectures soit aussi ineffaçable que celui des lettres de l'alphabet !

Les gens des campagnes nous offrent à ce point de vue le plus bel exemple d'automatisme : les prières que murmuraient les parents, tout petits les enfants les ont murmurées, ils suivent maintenant leurs parents le dimanche à l'église, y font les mêmes gestes qui, de génération en génération, se sont transmis, répètent les mêmes paroles latines que leurs pères déjà ne comprenaient pas : la croyance mécanique se transmet ainsi se fortifiant par son invariabilité même, se pétrifiant pour ainsi dire.

Mais y a-t-il là à proprement parler croyance ? et puisque nous avons vu aux stades précédents la volonté intervenir, ne devons-nous pas penser qu'elle tiendra une place d'autant plus grande qu'il s'agira d'une expression plus parfaite de la personnalité ?

Le travail de la volonté dirigeant la croyance a été exposé dans les pages immortelles de Pascal, et quant à la question de droit, un philosophe contemporain a récemment établi la légitimité de la croyance volontaire (1).

Et d'abord une première condition toute négative dépend de nous : nous pouvons nous libérer des entraves qui nous empêchent de croire, préparer le terrain à la croyance que nous voulons ensuite édifier. Il est évident qu'un homme plongé dans la débauche est mal à même de s'élever jusqu'à Dieu : qu'il commence donc par échapper au joug de ses passions afin qu'il

____

(1) W. James, *The Will to believe*.

9.

dispose de tous ses moyens et soit pleinement lui-même
quand il cherchera la foi : c'est le mot profond de Pascal : « Vous auriez bientôt la foi si vous aviez quitté vos
plaisirs sensibles » (1).

Nous pouvons et nous devons donc nous donner à
nous-mêmes ce que le même Pascal eût appelé « la grâce
suffisante « — et c'est alors que nous travaillerons à
acquérir la « grâce nécessaire ».

Pour cela, nous chercherons avec notre raison ; puisque l'objet cherché ne nous est pas donné immédiatement dans le sensible, notre raison devra lever les voiles
qui nous le recouvrent, après quoi, réfléchissant sur les
prémisses qui, elles, nous sont données (tant dans l'expérience sensible que dans les sentiments que nous
trouvons en nous et que dans l'étude de l'histoire), elle
s'élèvera vers la conclusion.

Pour que nous croyions, tous les matériaux sont là :
à nous de les laisser épars ou de nous en servir : nous
ne monterons jamais qu'à la hauteur où nous aurons
construit.

Mais rien ne nous empêchera de nous élever puisqu'on
ne pourra pas nous opposer une négation sans qu'elle
soit exposée, de la part de la raison même, à autant de
coups que notre affirmation. La négation n'aurait sur
l'affirmation que cette infériorité qu'elle satisferait un
moindre nombre de nos besoins, rétrécirait le champ
de notre activité et laisserait plus encore de problèmes
sans réponse.

Nous avons, en effet, déjà montré (2) l'impuissance

(1) *Pensées*, art. X, 3.
(2) Voir chapitre précédent, « *Du primat de la croyance* ».

de la connaissance contre la croyance qui lui préexiste, l'englobe comme un genre une espèce. Nous pensons avec Bacon que si « un peu de raison, une étude super- ficielle de la physique conduit à l'athéisme (*levis degus- tatio*),des connaissances plus approfondies (*pleni haus- tus*) ramènent aux idées et aux sentiments religieux ».

Seulement il nous faut travailler : « Il faut nous avancer en pleine mer et jeter nos filets pour pêcher » comme dit Newman (1) ; attendre dans l'inaction ne servirait à rien, c'est à l'homme de se mettre en mar- che pour aller à Dieu car c'est lui qui ne nous est pas donné tandis que l'humanité lui est donnée dans une intuition. C'est par l'action, substitut pratique de la croyance, que nous constituerons graduellement celle- ci en nous. C'est encore le mot profond de Pascal, si souvent mal compris : « Faites tout comme si vous « croyiez, prenez de l'eau bénite, faites dire des mes- « ses ; naturellement même cela vous fera croire et vous « abêtira (2). » C'est ce que, sous une forme plus douce, W. James nous répète à son tour : « ceux pour qui Dieu et le devoir ne sont encore que de simples mots, peuvent en faire des choses beaucoup plus réelles en accomplissant chaque jour un petit sacrifice à leur intention (3). » La pratique est, en effet, comme un ferment qui, par un progrès imperceptible, soulève peu à peu toute la pesanteur de nos membres. Chaque acte inspiré par une pensée de foi commence l'enfan- tement d'un homme nouveau puisqu'il engendre Dieu

(1) *Grammar of Assent.*
(2) Pascal, *Pensées*, art. X, 1.
(3) W. James, *Principles of Psychology*, t. II, 322.

en l'homme. Quand donc la raison nous a conduits jusqu'au seuil, c'est à nous, par l'action qui en sera l'expression pratique, de mettre le feu aux poudres.

Et ne croyons pas, d'ailleurs, qu'il suffira d'être une fois pour toutes intervenus ; il nous faudra toujours par l'action entretenir notre croyance. L'organe qui ne fonctionne pas s'atrophie : la même loi vaut pour les choses du sentiment et de la raison, le cœur qui n'aime rien se dessèche, la pensée qui ne s'exerce pas se recroqueville et la foi qui n'agit pas s'éteint : il nous faudra être les Vestales de nos croyances.

« Il me semble sentir que l'appel de la religion est « fait à notre bonne volonté personnelle, que l'évi- « dence nous sera toujours refusée tant que nous n'i- « rons pas à mi-chemin au-devant de l'hypothèse... « Celui qui se renfermerait dans la logique, essaierait « que Dieu lui extorque de le reconnaître, se refuse- « rait sa seule chance de faire connaissance avec « Dieu (1). »

Notre volonté, sans doute, ne créera pas Dieu : mais elle le retrouvera, de sorte qu'il sera pour nous dans la mesure où nous aurons voulu qu'il soit. « Je ne vois « pas, conclut W. James, pourquoi l'essence d'un monde « invisible ne dépendrait pas en partie de la réponse « personnelle que chacun de nous peut faire à l'appel « religieux (2). »

Et avant lui, Platon avait déjà dit : « Il n'y a de sa- « lut pour l'âme qu'à devenir très bonne et très sage,

---

(1) W. James, *The Will to believe.*
(2) W. James, *op. cit.* On se rappelle le mot de Théophile d'Antioche à qui l'on disait : « Montre-moi ton Dieu » — « Montre-moi ton homme », répondit-il.

« car chacun n'emporte dans l'Hades que ses mœurs
« et ses habitudes (1). »

Ainsi, expression la plus haute et la plus complète
de tout notre Moi, notre croyance religieuse en sera
encore l'expression la plus personnelle.

(1) *Phédon*, trad. française, p. 106.

CHAPITRE V

Du point de vue où l'on s'était placé jusqu'ici pour l'étudier, on avait forcément négligé un des aspects du problème de la croyance, je veux dire son aspect social. Nous sommes amenés à l'envisager aujourd'hui d'abord par des raisons *extrinsèques* : la dernière née des sciences, en effet, la sociologie, a pris une importance énorme et une tendance en est résultée, à étudier les problèmes psychologiques, non plus seulement d'un point de vue individuel, mais encore social. Des raisons *intrinsèques* à notre sujet nous ont conduit au même terme : en étudiant la psychologie de la croyance, nous avons vu qu'elle exprime l'homme tout entier, implique la participation de tous les attributs proprement humains. Or c'est bien le propre de l'homme que d'être un zôon politicon et les vues modernes suivant une double direction, nous montrent chaque jour en lui, d'une part un produit de la société, devant tout à la « Cité moderne » — de l'autre, un des facteurs de cette société, un de ses « symboles représentatifs ».

Une double conclusion s'ensuit : la croyance d'un homme ne sera pas son œuvre à lui seul, mais sera en partie déterminée par une influence sociale ; en revanche, cette croyance une fois constituée ne limitera pas ses effets au seul individu qui l'affirme, mais elle aura son contre-coup sur autrui.

I

Et d'abord y a-t-il lieu à une sociologie de la croyance? en un mot, lorsque plusieurs individus croyants sont assemblés, se produit-il quelque chose de nouveau, quelque chose s'ajoute-t-il à la somme de leurs croyances? Nous n'en saurions douter, l'expérience journalière nous le démontre et c'est là-dessus que reposent tant d'institutions sociales, religieuses ou politiques.

Le premier phénomène qui se produit alors, c'est une sorte *d'amplification de croyance*, par suite de quoi chaque croyance individuelle se trouve renforcée par l'ensemble des autres et le quantum de croyance totale se trouve excéder la somme de ses éléments. C'est une loi qu'ont bien connue toutes les religions quand elles ont institué la réunion des fidèles. Prenons vingt croyants dont la foi atteigne chez chacun un degré donné; assemblons ces individus dans un lieu où la présence de chacun témoigne aux autres de sa croyance : il se constitue aussitôt un fonds commun de foi — une sorte de caisse commune comme il en existe administrativement pour les titulaires de certaines charges, — où chacun puisera pour en retirer une quote-part bien plus forte que n'était son apport, quote-part qui représentera sa croyance individuelle renforcée, affectée, si je puis m'exprimer ainsi, d'un coefficient social.

Ce que l'on croit seul n'est jamais cru que faiblement : un homme politique qui monte à la tribune pour y exprimer des convictions qu'aucun membre de l'assemblée

ne partage avec lui, qui, tant qu'il parle, se sent en
non-conformité avec la foule et ne recueille d'elle qu'un
silence glacial, cet orateur se trouve affaibli dans sa conviction personnelle. C'est ainsi que Tocqueville, après
un discours chaleureux et prophétique auquel les événements n'allaient que trop donner raison, se prit à douter de lui-même quand il vit l'assemblée se refuser à
partager ses convictions (1). Sans doute, l'isolement
serait la vraie pierre de touche où s'éprouverait la croyance : mais combien résisteraient à l'épreuve ? On n'a
guère d'exemples d'hommes qui soient demeurés jusqu'au bout inébranlables dans des convictions qu'ils
étaient seuls à avoir, et bien des martyrs n'ont montré
tant d'héroïsme que parce qu'ils confessaient leur foi
devant des frères qui la partageaient. Car, Novalis
l'avait vu, « une conviction n'acquiert une grande force
que quand un autre la partage ».

Ainsi, une certaine induction réciproque s'établit
dans toute assemblée, la somme des croyances d'autrui
vient constituer pour chacun un multiplicateur, à la
suite de quoi il y a hausse dans chaque croyance individuelle. Ainsi qu'il est naturel, ce renforcement sera
d'autant plus grand qu'il y aura plus d'*uniformité* entre
les croyances individuelles, « dans les sociétés confor-
mistes, nous dit encore M. Tarde, la coïncidence des esprits amène chez les croyants une intensité d'illusion
qui tient de l'hallucination suggérée. C'est ainsi qu'un
prêtre bouddhiste voyageant dans un pays de bouddhisme exalté, au contact de gens persuadés comme lui de
la vérité de la Légende Sainte, verra grandir sa foi en

(1) Cf. Tarde, *Logique sociale*.

les dogmes jusqu'à trouver dans les incarnations de Bouddha un phénomène tout naturel (1). »

Jusqu'où ce renforcement de croyance peut atteindre, le fanatisme est là pour nous le montrer. Un vertige semble s'emparer de la foule des croyants dont aucun sans doute, pris isolément, n'eût été capable des folies qui se trouvent accomplies par la totalité. L'observation de ces phénomènes, qui constituerait une vraie pathologie de la question que nous étudions, est particulièrement intéressante dans les lieux qui sont comme des centres d'attraction, des points de convergence pour les croyances : à Bénarès, à Jérusalem ou, plus près de nous, à Lourdes.

Cette folie qui s'empare de la foule, l'incomparable puissance que prend une croyance collective, résultant d'une fusion de croyances individuelles, ont été très bien vues par M. Zola. « Ainsi une foule n'était plus qu'un être pouvant *décupler* sur lui-même, la puissance de l'auto-suggestion ?... Dans certaines circonstances d'exaltation extrême, la foule devient un agent de souveraine volonté forçant la matière à obéir (2).

Ces phénomènes d'amplification sont connus de tous, voici comme à son tour, Maudsley les décrit : « L'effet de la contagion morale, quand l'enthousiasme est enflammé, est de faire penser et hurler des multitudes ensemble, comme une meute de chacals. Il en est comme d'un incendie qui s'étend : la chaleur des parties qui brûlent élève la température des parties voisines à un degré qui permet au feu de s'allumer aisément, et de même le premier fou fait plusieurs fous (3). »

(1) Tarde, *op. cit.*
(2) Zola, *Lourdes.*
(3) Maudsley, *Le crime et la folie.*

Nous pouvons, en résumé, dire que la puissance d'une croyance est en raison directe du nombre des esprits sur lesquels elle agit, mais que la résultante excède infiniment la somme de ses éléments constitutifs.

II

Les phénomènes que nous venons de constater dépendent eux-mêmes d'une grande loi qui domine toute la question dont nous nous occupons : la *communication sociale de la croyance*. — Un préjugé intellectualiste nous porte à penser que l'homme agit sur l'homme, au moyen du raisonnement ; parce que c'est là l'intervention tangible, nous la tenons pour seule efficace, mais les arguments et les motifs peuvent bien peu pour modifier autrui et autrement profonde, quoique insondable, est l'action de l'être vivant sur l'être vivant — d'un vouloir sur un autre vouloir, comme eût dit Schopenhauer. Le problème est insoluble : pour le résoudre, on invoqua jadis le fluide magnétique, aujourd'hui on parle de suggestion : au fond, on se heurte toujours à l'Inconnaissable. Contentons-nous donc d'exprimer ce que nous constatons en termes modernes et de signaler, dans la communication des croyances, une *suggestion sociale à l'état de veille* (1).

L'expression est heureuse, car elle nous reporte aux modifications du vouloir et établit ainsi un rapprochement entre la Croyance et la Volonté, qui, au fond, ne diffèrent pas l'une de l'autre. Car le fait de la communication des croyances, nous ne saurions trop y insis-

(1) Cf. Tarde, *Logique sociale*.

ter, est essentillement un phénomène de suggestion et la règle applicable, quand il s'agit d'imposer une volonté, vaut encore quand il s'agit de communiquer une croyance : ce sont les plus forts qui suggestionnent les plus faibles. Quand plusieurs croyants sont réunis, il se produit une sorte de contagion, agissant insensiblement pour modifier chaque croyance individuelle, suivant la direction collective, laquelle est imprimée par ceux dont les convictions sont le plus énergiques. Il semble ainsi qu'un nivellement tende à se faire, rapprochant toujours davantage les faibles des forts.

La vraie nature du fait a d'ailleurs été bien vue par ceux qui l'ont observé. C'est la « *Communication contagieuse des imaginations fortes* » de Malebranche (1). « Certaine disposition de notre cerveau, dit-il, fait plus que la raison pour notre croyance ; cette disposition nous force à nous composer de même manière que ceux avec qui nous vivons... Car un homme pénétré de ce qu'il dit, en pénètre ordinairement les autres » — et déjà Malebranche signale que cette communication de croyance a surtout lieu des supérieurs envers les inférieurs. Mais expliquerons-nous comme lui le fait par « l'inclination qu'ont tous les hommes pour la grandeur et l'élévation, ce qui les pousserait à prendre l'air des personnes de qualité » ?

Je ne crois pas qu'il faille invoquer des raisons de cet ordre, et d'ailleurs le même Malebranche ne nous dit-il pas plus loin : « La rhétorique d'un passionné ne laisse pas d'être persuasive, parce que l'air et la ma-

_____

(1) *De la recherche de la vérité*, liv. II, 3º partie.

nière se font sentir et agissent ainsi, dans l'imagination
des hommes, plus vivement que les discours les plus
forts prononcés de sang-froid, mais qui ne *flattent point
les sens* et ne *frappent pas l'imagination.* »

Voici, enfin, quelques lignes bien caractéristiques :

« Si celui qui parle s'énonce avec facilité, s'il est *suivi
d'un grand train,* il sera cru dans tout ce qu'il avancera,
et il n'y aura pas jusqu'à son *collet et ses manchettes*
qui ne prouvent quelque chose ! » (1).

Nous voyons combien peu sont rationnels les motifs
qui nous font croire. Cette action d'une croyance sur
une autre demeure au fond, nous l'avons dit, un problème insoluble. Essaierons-nous pourtant, avec Tarde,
de l'exprimer dans le langage scientifique du jour, de
le ramener à un problème de mouvement ? Saurons-
nous quelque chose de plus quand nous aurons dit que
« la croyance, comme tout phénomène psychique, est
un mode de mouvement, que, réciproquement, les
mouvements qui la manifestent peuvent redevenir des
états psychiques chez autrui (2) ?

Cela ne nous avancera guère. Il est vrai qu'une nécessité semble s'imposer à la longue de reproduire les
mouvements qu'on voit faire, et qu'en prenant ainsi
l'expression d'autrui, l'état d'âme correspondant s'insi-
nue en nous. C'est ainsi que des époux, à force de vivre
ensemble, indépendamment de toute tentative de persuasion, arriveraient à avoir les mêmes convictions, de
la même manière qu'ils arrivent à se ressembler, ainsi
que le fait a été si souvent observé.

Il arriverait ce que Malebranche a constaté en disant

(1) Malebranche, *op. cit.*
(2) Tarde, *Lois de l'imitation.*

que « notre croyance quand elle est forte, se traduit à l'air de notre visage, au ton de notre voix, amène nos expressions et prépare ainsi ceux qui nous écoutent à se rendre attentifs, à recevoir machinalement l'impression de l'image qui nous agite ».

Ainsi, nous le voyons, notre croyance, laquelle nous exprime tout entiers, n'est cependant rien moins que créée de toutes pièces par nous. Sans parler de l'hérédité, dont nous n'avions pas à nous occuper ici, une influence sociale s'exerce à toute heure sur nous, et nous la subissons d'autant plus fortement que, pour y résister, nous avons moins de volonté. En ce sens, il est presque vrai de dire avec M. Müller que « bien souvent notre foi n'est qu'une foi en la foi de quelqu'un d'autre » (1).

Le phénomène s'observe dans la vie journalière : c'est par une semblable action que s'explique la *mode*. On dit communément que certaines personnes « lancent » la mode : mais pourquoi leurs goûts s'imposent-ils à nous ? pourquoi adoptons-nous les innovations introduites par d'autres et ne doutons-nous pas qu'elles ne soient excellentes ? n'est-ce pas que ceux qui ont « lancé » la mode ont exercé sur la foule une force d'attraction due à l'intensité de leur vouloir, c'est-à-dire de leur croyance en la valeur de ce qu'ils introduisaient ? Ils ont imposé aux autres leur conviction, suivant le mot de M. Tarde, par une « suggestion prestigieuse ». Et ainsi lancée, « la mode a beau violer les lois de la raison, c'est une loi plus sainte et inviolable que celle que Dieu avait écrite sur les tables de Moïse » (2).

(1) Cité par W. James, *Principles of psychology*, t. II.
(2) Malebranche, *op. cit.*

On invoque la loi d'imitation pour expliquer la mode, mais l'imitation elle-même, est-ce autre chose qu'un fait de suggestion sociale amenant l'accord entre les croyances, d'où l'accord entre les usages ?

Jusqu'où peut aller cette suggestion sociale, la pathologie mentale est là pour nous le montrer. Nous savons combien les persécutés, par exemple, arrivent à faire partager leur idée délirante aux personnes qui les entourent et de même que les aliénistes admettent, en cas de contagion réciproque une « folie par transformation », nous sommes autorisés à convenir que la suggestion sociale peut réaliser une « *croyance par transformation* ».

III

Avant de nous demander quelle est la valeur de la croyance en tant que facteur de l'évolution sociale, nous voudrions nous arrêter un peu et voir comment elle vient se refléter dans le langage.

Le langage, c'est pour ainsi dire, le véhicule social de la croyance. Le mot est représentatif de celle-ci, il en est le substitut, façonné par les rapports sociaux : il en est un surtout à qui ce rôle est dévolu, c'est le *verbe*. En ce sens, on peut dire que les linguistes étudient les courants de foi comme les mythologues et on a même pu écrire que « la langue dans son évolution n'est qu'une somme d'actes de foi en train de croître ou de diminuer » (1).

Le langage, cependant n'est pas adéquat à la croyance, d'abord parce qu'il est collectif et qu'elle est indivi-

(1) Tarde, *Logique sociale*.

duelle et par suite parce qu'il est immobile, tandis
qu'elle est essentiellement instable. Comment, en effet,
le langage s'est-il formé ? Il est allé du général au particulier, du simple au complexe ; né du besoin qu'ont
les hommes les uns des autres, il était condamné par
son caractère téléologique à n'exprimer que ce qui pouvait être entendu de tous, à ne refléter de l'homme
qu'une sorte de schème fait des traits communs à tous.
La vie de communauté, en effet, a impliqué dès le début
un fond de croyances communes s'exprimant dans une
langue commune, sans quoi l'on ne se serait pas entendu, ç'eût été une nouvelle tour de Babel. A ce stade
primitif, il n'y avait guère plus dans l'esprit de ceux
qui parlaient que les groupes d'images fournis par ces
mots en les développant — images qui étaient tout ce
que croyaient ceux qui parlaient.

A cette époque, il n'était besoin de rien d'autre parce
que l'individu se différenciait peu de l'espèce, voire de
l'humanité entière. Cette uniformité primitive des
croyances se traduit dans le langage par la formation
des *adages*, des *proverbes*, expressions de vérités générales sur lesquelles l'accord est universel.

Mais le propre du mot, c'est qu'il gardera toujours
cette propriété de nous faire participer à cette frater-
nité, à cette communauté, et cela même le condamnera,
car l'humanité évoluera, sa croyance avec elle, et
tandis que la formule demeure la même, insensiblement
le contenu s'en modifie. Qu'y a-t-il encore de commun
entre le contenu du mot « soleil » et les groupes d'ima-
ges-idées qu'évoquait ce mot chez ses adorateurs de
l'antiquité ? L'écart toujours croissant entre le mot et
la croyance à laquelle il sert de substitut, vient de ce

qu'il est, suivant la jolie expression de M. Barrès « un murmure de la race *figé* à travers les siècles en quelques syllabes ». Cet écart, au reste, est variable : plus nous avons un fort contingent de croyance à fournir, plus il peut être grand ; il sera moindre, par exemple, pour un axiome mathématique que pour une formule métaphysique, mais on a pu aller jusqu'à déclarer « la pensée incommensurable avec le langage (1) ».

Cela nous explique assez l'inefficacité du langage quand il s'agit de modifier les croyances d'autrui. Le mot est le résultat d'une abstraction, il est l'extrait, pour chacun, de ses expériences personnelles, et par conséquent son contenu varie avec chaque individu ; un même mot, pour celui qui parle et pour celui qui écoute, n'est pas significatif des mêmes images, n'éveille donc pas les mêmes émotions et ne peut donc pas déterminer les mêmes réactions. Un homme cherche à en persuader un autre au moyen du langage mais le mot n'évoque jamais chez l'auditeur que des représentations que celui-ci possède déjà ; chacun ne travaille jamais qu'avec le fonds d'aperceptions qu'il a acquises par lui-même — c'est ce que Balzac sentait si bien en déclarant « qu'on ne comprend que ce qu'on retrouve en soi ».

D'où l'impossibilité de faire croire à autrui des idées toutes nouvelles. Les paroles que nous lui adressons ne réveillent dans l'esprit de l'interlocuteur que les idées qui y ont été auparavant. « Des mots entendus ne sauraient introduire dans notre esprit aucune idée jusqu'alors inconnue (2). »

(1) Bergson, *Essai sur les données immédiates de la conscience*, p. 126.
(2) Locke, *Essai sur l'entendement humain* (Liv. IV).

Mais si imparfait soit-il, le langage n'en reste pas moins la monnaie courante de la croyance. Impuissant à en refléter les fluctuations, il en assure sous les changements, la stabilité. Toutes nos images internes tendent à s'attacher à quelque chose de sensible comme pour gagner en corps et en vie, mais, à son tour, le mot par lequel elles se traduisent va éveiller dans l'esprit d'autrui des images internes correspondantes, sinon identiques, à celles qui l'ont engendré. Si je dis à quelqu'un : « L'été est une charmante saison » — aussitôt surgissent dans l'esprit de mon interlocuteur des images de même famille que celles qui étaient en mon esprit au moment où j'ai prononcé cette affirmation. Il pourra y avoir des variantes : peut-être l'été évoquera-t-il chez l'un l'idée de chaleur, chez l'autre celle d'un séjour à la mer, mais d'ordinaire nous ne développons pas, nous nous contentons du mot substitut, et l'image générique qu'il évoque assure le maintien d'une identité relative de la croyance.

Le langage devient ainsi l'expression de cette « suggestion à l'état de veille » dont nous avons précédemment parlé. Rien ne le fait mieux ressortir que les faits pathologiques, qui nous montrent grossis les phénomènes normaux. On sait qu'avec certains esprits faibles, certaines hystériques, il suffira d'affirmer : « Voilà un joli petit chien noir » pour qu'aussitôt des images s'éveillent, assez vives pour entraîner la croyance et faire que les malades affirment voir le joli petit chien noir.

Mais, comme dit Maudsley, « il n'est pas besoin d'être nerveux ou hystérique pour être influencé dans notre croyance par les paroles d'autrui, surtout s'il s'agit

10

d'une personne qui a une forte confiance en elle-même (1) ».

Ainsi, nous le voyons, l'importance sociale du langage au point de vue qui nous occupe vient de ce qu'il assure la circulation de la croyance. Et comme, à cet effet, il dispose de mots relativement stables, son rôle est essentiellement conservateur : grâce à sa fixité, la croyance est assurée d'une certaine invariabilité en même temps que le pouvoir évocateur des mots en garantit et en perpétue l'uniformité.

Le langage est donc l'instrument de cette *cohésion* sur quoi repose la force sociale et dont nous allons voir que la croyance est le principe.

IV

Par sa force communicative, la croyance est la puissance qui crée les coteries, les nations, les religions (2), c'est donc la grande loi de la sociologie, le principe de toute cohésion : sans l'uniformité de croyance, fondement de l'*opinion*, de l'*autorité*, nulle société ne pourrait se maintenir. Car, supposons une communauté où chacun rejetterait délibérément tous les préjugés, entreprendrait le libre examen de tout ce qui est admis, pour aboutir à des convictions à lui seul propres et se diriger d'après des principes s'écartant de ceux reçus. Cette communauté serait non seulement vaincue dans le combat pour l'existence, mais elle n'arriverait même jamais à se constituer, enfermant dans son sein un principe de mort. Cette société resterait dans le chaos,

(1) Maudsley, *op. cit.*
(2) Cf. Balfour, *Les bases de la croyance.*

impuissante à s'élever au-dessus de la désagrégation.

L'uniformité de croyances, c'est le *ciment* qui assure la stabilité de toute société et réalise entre ses membres la solidarité. Elle aura, d'ailleurs, d'importantes conséquences politiques : si elle se réalise pleinement, un régime communiste s'ensuivra, car « la propriété n'étant que l'extension de la personne sur les choses, là où la personnalité sera collective la propriété devra l'être aussi (1) ». Notre législation n'est constituée elle-même que « par ce qui, de nos croyances inconscientes a émergé dans la conscience sociale (2) » et il n'est pas jusqu'aux Révolutions qui ne soient liées à nos croyances. Car ce qui les constitue, « c'est le déplacement des forces mises au service d'autres croyances ; les excès violents viennent uniquement de ces croyances méconnues et des résistances qu'on leur oppose illégitimement quand elles vont triompher (3) ».

Enfin, si l'on veut bien tenir compte du caractère social des religions, se rappeler que l'école de Hegel envisage l'Etat et l'Eglise comme deux aspects d'une même institution, on verra que le seul fait d'avoir été communes et contagieuses donne à certaines croyances leur caractère religieux. « Toute croyance partagée par une communauté d'hommes prend un caractère religieux » ; — des considérations intéressantes s'en déduisent, car si la religion semble aujourd'hui affaiblie, on pourrait ne pas s'en alarmer trop et penser qu'il s'agit moins d'une diminution de la croyance générale que d'une uniformité plus difficile à réaliser

(1) Durkeim, *La division du travail social.*
(2) Andler, *Les origines du socialisme d'Etat en Allemagne.*
(3) *Ibid.*

dans les croyances individuelles. Ce serait là l'effet de connaissances scientifiques inégalement réparties, de la spécialisation croissante amenant avec elle un individualisme plus marqué, une croissante complexité de la personnalité et partant une diversité plus grande dans les croyances personnelles.

Principe constitutif des sociétes, la croyance en est en outre le principe conservateur. Toutes les convenances qui sont aujourd'hui lettres mortes furent primitivement dictées par des convictions. Le geste où elles se manifestent en garantit la continuité. C'est un signe qui par son pouvoir suggestif va réveiller la croyance première qui jadis le dicta, de sorte qu'elle se réengendre elle-même. Par là est assurée à la croyance initiale une certaine stabilité et les convenances sont un frein qui protège la société contre l'anarchisme.

Ainsi, en tant que principe de synthèse, la croyance a en elle-même quelque chose de moral, car : « est moral tout ce qui est source de solidarité (1) ». C'est pourquoi une société de Saints, c'est-à-dire d'êtres n'ayant plus à s'efforcer, chez qui la croyance serait immobilisée, — manquerait de force de cohésion ; son vice destructeur serait, comme l'a dit Rousseau, sa perfection même. La croyance témoigne donc de l'imperfection, mais en même temps du pouvoir progressif de l'homme, et elle implique qu'il vive en société, parce que l'union est condition de la force et que beaucoup de force est nécessaire pour marcher de bien en mieux.

(1) Durkeim, *op. cit.*

CONCLUSION

Nous sommes arrivés au terme de cette étude : nous avons suivi la croyance de ses formes les plus simples aux plus complexes et les conclusions qu'il nous reste à tirer se sont déjà dégagées au fur et à mesure de notre marche progressive. La croyance nous est apparue liée à notre activité, l'exprimant à tous ses degrés et progressant comme elle de l'automatisme à la liberté.

A son point de départ elle s'identifie avec le vouloir-vivre qui est le fond de la vie : c'est la volonté sourde de Schopenhauer, c'est l'effort pour persévérer dans l'être, la force d'élan vers la vie. La croyance confond ses racines avec celles de la volonté et n'est pas moins indestructible qu'elle, elle est l'effet « d'une adhésion de la volonté à sa propre nature ». Elle est donc de nécessité vitale, primitive, tandis que l'incroyance est un surproduit.

Cependant elle évolue, arrivée à la conscience d'elle-même elle s'affirme sous sa forme la plus immédiate, la sensation et ne dépasse que rarement la forme automatique organisée par l'habitude.

Plus tard l'intellect, la représentation de Schopenhauer viennent entraver le mécanisme de la croyance, des complications surgissent qui en ralentissent la marche, mais dont la croyance d'une manière ou de l'autre triomphe toujours parce qu'elle ne peut pas plus périr que la vie elle-même.

C'est seulement après le travail de la réflexion, quand elle a été élaborée à l'aide d'éléments nouveaux et actuels que la croyance pour laquelle opte un individu peut être dite vraiment sa croyance personnelle.

Ainsi à son stade le plus inférieur, expression d'une activité encore instinctive, la croyance est devenue à travers ses étapes successives l'expression de plus en plus adéquate de l'individu. Elle s'organisait à mesure qu'il s'organisait, s'enrichissait à mesure qu'il s'enrichissait, reflétait exactement sa personnalité depuis sa constitution physique jusqu'à ses hautes conquêtes intellectuelles, jusqu'à la plus libre détermination de sa volonté. Si bien que la croyance complète arrivait à être l'expression de la triple âme que distinguait Aristote, façonnée à la fois par l'âme nutritive, l'âme sentante et l'âme intellectuelle.

Ainsi la croyance apparaît bien comme le propre de l'homme, car au-dessous de lui les bêtes n'ayant pas l'âme supérieure ne peuvent s'élever à la croyance et au-dessus de lui, Dieu n'a plus besoin de croire puisqu'il appréhende tout dans une intuition et réalise la perfection.

L'homme seul croit donc et pour chaque homme sa croyance représente son moi personnel. C'est pourquoi nous sommes plus susceptibles sur ce point que sur tout autre, notre croyance étant le cœur même de notre moi, nous la défendons comme la chair de notre chair. Nous sommes, par la même raison, beaucoup plus fiers de faire partager notre croyance que de révéler une vérité, car il nous semble alors avoir remporté une victoire personnelle. C'est pourquoi aussi, expression de la personne humaine, toute croyance est sacrée.

S'il est seul à pouvoir dire : « Je crois », nous avons vu aussi que dans cette affirmation l'homme était toujours, il ne se sépare pas de sa croyance. Faut-il regretter cette subjectivité ? jettera-t-elle un discrédit sur la croyance ?

Mais pourquoi donc celle-ci vaudrait-elle moins parce que nous avons collaboré à sa production ? Il nous faut renoncer à l'illusion de trouver tout fait et hors de nous l'Absolu, mais si la vérité n'existe qu'autant qu'on la recherche, cela fonde notre grandeur car du moins quand nous la trouvons cette vérité est-elle notre conquête et assure-t-elle notre bonheur.

Le point de vue nouveau de la philosophie moderne par rapport à l'antique est donc bien mis en relief par l'étude de la croyance. On posait autrefois l'Absolu existant à part de l'homme, en soi ; on s'y élevait par la seule intelligence, au moyen de la dialectique, — ou par l'extase. Cet Absolu trônait à jamais immuable au-dessus de nous, sans rapport avec nous, χωριστόν.

A cette philosophie de l'immobilité, qui trouvait son terme dans l'Un-un figé de Parménide, nous avons substitué une philosophie d'action et de mouvement. L'Absolu se fait par nous, nous y participons. Notre croyance fonde donc notre moralité puisque par elle nous adhérons au monde, nous y collaborons et contribuons à son progrès. Notre croyance est ainsi la force qui le meut : le jour où nous ne croirions plus, l'Univers s'arrêterait.

Que signifie donc enfin la croyance, sinon l'infinie

perfectibilité de l'homme? elle exprime sa faculté progressive, par elle il s'assimile du non-réalisé et le fait
passer à l'être. La croyance provient de ce que l'homme
ne remplit pas tout l'univers et de ce qu'il ne pourra
jamais en résoudre totalement l'énigme.

Elle subsistera donc tant que subsistera quelque
contradiction dans les données de la vie. C'est dire
qu'elle est éternelle car où cesse la contradiction s'arrête
la vie.

La croyance déborde donc la logique, elle est en deçà
comme au-delà : le postulat même de la Vie.

TABLE DES MATIÈRES

Imp. J. Thevenot, Saint-Dizier (Haute-Marne).

www.ingramcontent.com/pod-product-compliance
Lightning Source LLC
Chambersburg PA
CBHW072235270326
41930CB00010B/2138